中国旅游营销

张家界范本

ZHANGJIAJIE MODEL OF TOURISM
MARKETING IN CHINA

刘云 ○ 主编

中国旅游出版社

张家界，何以范本

◇ 魏小安

1990 年 11 月 24 日，第一次去张家界。当时第五次全国旅游理论研讨会刚刚在长沙举办，我是主要操办者，会议成功超出预想，自然很兴奋。之后大家就兴致勃勃，到张家界考察，大多是第一次去，虽然在黄石寨几乎累断了腿，但是水绕四门的诗情画意大大缓解疲惫。大家都赞不绝口，也留下了深刻印象。从那次以后，多次去过张家界，印象有三个阶段：一是"美丽的风光，破烂的城市"，二是"中国的风光，空洞的城市"，三是"世界的风光，品牌的城市"。张家界在这个过程中，从湘西一隅，走向中国，扩张到世界。之所以留下这样的印象，是因为张家界是以景区为基础形成的城市，而在两者的关系方面始终存在不协调。

刘云先生的新作《中国旅游营销张家界范本》，是从营销角度，对张家界旅游发展历史的一个回顾，也是一次检阅、一份总结。本书分为创意营销、事件营销和文化营销三部分，都是案例，如同一串明珠，一个一个地勾勒了发展的过程。贯穿始终的则是创意，超越想象，精彩迭出。因此，我以为，张家界从根本上来说，就是创意。而创意需要天马行空，不需要模式。天地有大美而不言——等待发现；人生有大乐而不悟——需要创造。创造乃人生之至乐，"有所发现，有所发明，有所创造，有所前进"，经历了创造的人生，是有价值的人生，是有意义的人生。

"创意"一词是从英文 Creativity 翻译而来，有的学者也翻译为"创造力"。其拉丁文字源 CREARA，含义是"去制造"；其希腊文字源 KRALNIR，含义是"去实现"。所以，Creativity 的完整义项不仅是开发创意，也包括实现能力，是一个过程。

十几年之内，在中国大地上，创意已经成为时髦用语，创意产业似乎也已经成为新兴产业。之所以加上一个"似乎"，正是因为开始探索，产业概念未成，产业形态朦胧，产业规模尚小，产业实现亦需要一个过程。另外，创意覆盖一切，创意提升一切，当代追求创意，创意改变生活。中国几千年的传统文化非常优秀，但是里边也有一个大问题——抹杀个性。而当代社会一定要突出个性，如果人人都有个性，中国就是创意中国，我们现在的世界工厂，就会从中国制造变成中国创造。这种创造首先在于焕发个性，过去，中国离不开世界；现在，世界离不开中国。从中国制造到中国创造，必需的过程就是中国的创意。创意的前提是无拘无束，是心灵的放飞，是自由之精神。创意的发展，是平台的建设、是制度的保障。这是个人创造力与组织执行力的结合，是社会宽容性与法治的进步。

创意，一是创异，郑板桥当年写过一副对联：删繁就简三秋树，领异标新二月花。天门山飞机穿越，就是领异标新。二是创议，就是创出争议来。创意企业不怕争议，争议一定意义上就是树立个性的过程，就是树立品牌的过程。百龙电梯，在当年争议甚大，现在没有人再说了。三是创艺，要创出艺术来，要确实有艺术品位。在景区有稻田，就是艺术。四是创亦，是亦此亦彼的亦，这个亦实际上说明创意产业由于是新产业，所以从发展的特点来看是模糊的，空间非常有弹性，是不断变化的。哈利路亚就是亦此亦彼，虽有争议，却达到效果。五是创翼，说明创意产业是灵动的，是飞翔的。翼装飞翔是最好的注脚。六是创弈，是博弈，是竞争，是普遍的。七是创忆，即形成记忆，创造回忆，天下棋盘就是记忆。八是创义，弘扬仁义之风，促进和谐社会建设。九是创遗，创造未来的文化遗产。十是最后归结到一个益，就是要创出效益来。

我们的目标是创造中国文化与世界文化的融合，绝不能妄自菲薄，也用不着妄自尊大。不能妄自菲薄是因为我们有五千年的积淀，不能妄自尊大是我们现在确实还有差距，这些差距就要一步一步来弥补。首先做对社会有益的事，对社会有益的事一定会有意思，我们就会有愉快的心情，所以益在前，利在后，我们不是不讲利，但是要把传统的利益观颠倒过来，称为"益利"。既然好玩，就应玩好，在益利观之中，一定会玩好。

张家界的营销过程，全面反映了上述的创意过程。从营销角度来看，涉及两个方面。一是景区和城市的关系问题，从营销景区到营销城市，最后是从景区到目的地。张家界经历了一个摸索的过程，因景区而形成城市，因景区而发展城市，在中国，可以说是非常少见的情况。因此，景区与城市的关系也成为重要问题，开始是大景区小城市，从自发到自为，现在已经是大景区大城市，相互对应。这里所说的城市之大，不仅在于城市规模，而且在于城市影响、城市营销、城市形象，在于城市的市场范围。二是产品和市场的关系。产品不断提升，营销才能真正做到位。产品不断出新，营销才能有内容。市场营销要敢吹、会吹、经得起吹。敢吹是自信，会吹是创意，经得起吹是产品支撑。张家界的产品正是在市场的锤炼过程中，不断试错，逐步提升，才能够支撑营销的创意。

在这本书中，我们不仅可以看到过程，也可以看到方法，更重要的是看到运作者的思维发散到落地实操。核心事件，必有核心人物，而核心人物能够做成事情，也需要一个相应的环境。书中的很多案例，尤其是石破天惊的案例，是叶文智先生干出来的。我和文智是多年的老朋友，视其为湘中奇才、怪才、鬼才，思路不拘一格，出口滔滔不绝，做事死磕到底，不愧为湘人。在文智身上，我感到一种精神——不屈不挠、昂扬向上、睥睨天下、融合中西、脚踏实地。这也是从湘军到湘商的集合，是从传统到当代的集合。其他的各个案例也都是如此，不仅是张家界营销，而且是张家界人，是上上下下几代人努力的结晶。正是有了这样的做事环境和成事氛围，才有了张家界这些年来的精彩篇章。如果说中国旅游营销出现张家界范本，这恐怕是根本原因。

《"十四五"旅游业发展规划》中提出，要建设一批富有文化底蕴的世界级旅游景区和度假区。对此，张家界当仁不让。进一步则是建设世界级的旅游城市，张家界义不容辞。我们有幸生活在一个大时代，不能辜负这个时代。在下一步的发展中，张家界需要更多的创意营销，我是吃瓜群众，搬个小板凳等着看。

（本文作者系世界旅游城市联合会首席专家）

创新是张家界旅游营销的灵魂

——在世界旅游组织亚太地区国家旅游目的地营销会议上的演讲

◇ 欧阳斌

尊敬的各位领导、各位嘉宾、女士们、先生们：

我是中国湖南省张家界市人民政府副市长欧阳斌，很高兴代表我的城市参加这次会议，感谢会议组织方给予我们这样一个交流与学习的机会。

张家界市位于湖南省的西部，是湖南省 14 个市州之一，1988 年因旅游而建市，现辖两县两区，面积 9533 平方公里，人口 172 万。张家界山奇水秀，文化底蕴深厚，是少数民族聚集区，以土家族为主的少数民族占了总人口的 75% 以上。建市 29 年来，张家界旅游业发展迅速，2016 年，全市接待游客人数 6143 万人次，实现旅游总收入 443 亿元人民币，居全国同类旅游城市前列。旅游业的发展离不开营销，张家界市十分重视旅游营销，将创新的理念融入旅游营销的全过程，赢得了游客的喝彩、世界的关注。

资源创新：拥有绝品，不断拓展

张家界享有上天赐予的绝版旅游资源，264 平方公里的武陵源石英砂岩峰林，耸立着 3000 奇峰，流淌着 800 秀水，这举世无双的地质奇观被地质学界命名为"张家界地貌"，张家界旅游的基础正是这些绝版资源。然而，拥有绝品，我们并不满足。

我们注重从区域上扩大资源的选择范围，以武陵源景区为核心，向四周扩展，形成了核心景区和东部、中部、西部四大板块，构建起了"三星拱月，月照三星"的全域旅游发展格局。我们不断挖掘文化旅游资源，整理出了 15 个大类，700 多项非物质文化遗产，修复了贺龙元帅故居，充分挖掘了红色文化，形成了山水旅游资源与历史文化、民族文化、民俗文化旅游资源交相辉映的资源互动互补格局。

产品创新：敢想敢干，出奇制胜

旅游业的发展需要好的资源，但资源不等于产品，要得到市场的认可，产品是关键。

2017 年 7 月 6 日，时任湖南省张家界市人民政府副市长、现任张家界市政协主席欧阳斌出席亚太地区旅游市场营销评估研讨会并讲话

　　建市以来，我们将创新的理念贯穿到了旅游产品的开发中，先后开发了中国第一条旅游漂流——茅岩河漂流，亚洲最大溶洞——九天洞，世界极限运动胜地——天门山。打造了载入吉尼斯世界纪录的土家族"活化石"舞蹈——千人茅古斯，世界首台高山峡谷音乐实景剧——《天门狐仙·新刘海砍樵》，连续演出 6000 余场超千万人观看的大型民族舞蹈史诗——《张家界·魅力湘西》，建设了载入吉尼斯世界纪录的建筑奇观——九重天土家吊脚楼，建设了称作"天缆"、亚洲最长观光索道——天门山索道，称作"天梯"、载入吉尼斯世界纪录的户外观光电梯——百龙电梯，称作"云天渡"、独占 10 项世界第一的张家界大峡谷旅游景观桥——玻璃桥，称为"通天大道"、极具震撼力的 99 道弯公路——天门山景区公路，包装了"如果你孝敬父母，就请带他们到张家界去观光"——韩国专项旅游产品。现在，我们又在开发磁悬浮观光火车、七星山登山火车、大峡谷玻璃桥蹦极等产品，这些产品没有一项不是创新的成果。

　　品牌创新：精准定位，超越自我

　　张家界建市不久，就荣获世界自然遗产、世界地质公园和第一个国家森林公园、第一批国家 5A 级旅游景区、国家级风景名胜区等称号，我们最先在全省提出了建设旅游精品的口号。随着旅游的发展，我们大胆提出了争做湖南旅游龙头的口号，及时将"大庸市"更名为"张家界市"。1995 年，江泽民同志来张家界视察后，题词"把张家界建设成为国内外知名的旅游胜地"（摘自《湖南日报》2009 年 9 月 28 日版），根据这一题词，我们立即提出把张家界建设成为国内外知名旅游胜地的奋斗目标。此后，我们先后创建了国家旅游综合改革试点城市、国际口岸城市、旅游标准化示范市，获得了联合国"张家界地貌"的命名。我们实施"旅游带动"战略、"质量兴市"战略，张家界大鲵、张家界椪柑、张家界茶、张家界葛根粉、桑植萝卜等被列入国家地理标志产品，黄龙洞、宝峰湖、茅岩莓被认定为中国驰名商标。2016 年，在湖南省第十一次党代会上，省委书记杜家毫提出，张家界要做全省全域旅游基地建设的龙头。我们立即抢抓机遇，以创新的思路提出了一系列在全省全域旅游基地建设中当龙头、作示范的举措，确定了 11567 工作思路。

刚建市时，我们曾以"地球上只有一个张家界"作为我们的主要旅游宣传口号；后来又以"阿凡达很远，张家界很近"作为我们的主要旅游宣传口号；现在，我们的总体旅游品牌宣传口号是"绝版张家界，惊艳全世界"和"走遍全世界，还是张家界"，进一步彰显了我们向国际化迈进的决心和自信。

活动创新：海阔天空，无拘无束

"生命在于运动，旅游在于活动"，这是旅游营销界的一句流行语。早在 20 世纪 90 年代，张家界市政府就以"地球呼唤绿色，人类渴望森林"为主题，高扬绿色旗帜，打造生态品牌，举办了张家界国际森林保护节，至今已连续举办了 18 届。为促进旅游商品集群发展，我们连续举办了 6 届张家界旅游商品博览会。为弘扬优秀民族文化，我们年年举办元宵灯会、桑植民歌节，已连续两年举办民族文化活动月活动。我们先后承办了 5 届中国湖南国际旅游节、3 届国际乡村音乐周、2 届湖南旅游商品博览会、首届国际旅行商大会。"心连心"艺术团在大氧吧广场讴歌"红色土地，绿色家园"，把张家界神奇美景和红色文化搬上了央视大舞台。1999 年，张家界市在天门山成功举办了世界特技飞行大奖赛暨穿越天门洞活动，创造了世界旅游营销史上的奇迹。在张家界，传奇的神话每年都在上演，冰冻活人、滑轮大赛、汽车漂移、顶级跑酷、自行车速降、蜘蛛人攀岩、达瓦孜传人走钢丝以及俄罗斯战斗机表演赛、翼装飞行世界锦标赛轮番登场，场场精彩，件件诱人。在张家界，我们可以自信地说，我们的旅游营销年年有新意、月月有活动、天天有精彩。

传播创新：以小博大，借势借力

中国有句古话，"酒好也要勤吆喝"。有好的产品、好的活动，没有好的传播，效果就会大打折扣，反之，就会事半功倍。我们借助各种宣传媒体，通过拍摄风光片和电视剧，刊发旅游专版，出版图书、画册、地图、文集、影集、光碟等方式，将描写张家界的文学艺术精品和图片编入了全国中小学教材，不断地向各大媒体发布我们的宣传信息。我们敢于、善于制造"旅游事件"和旅游话题，1998 年 4 月 17 日，张家界市著名景区黄龙洞的经营者叶文智为其洞内石笋"定海神针"买下 1 亿元保险，开创了世界为资源性资产买保险之先河。叶文智的"牛刀小试"，引来全世界 2000 多家媒体竞相报道，黄龙洞也很快成为海内外游客出游张家界的必游景点。美国巨片《阿凡达》公映后，掀起了寻找潘多拉美景的热潮，我们借用民间力量，将一座山峰命名为"哈利路亚山"，在网络上掀起"潘多拉太远，张家界很近"的主题营销，推出"张家界阿凡达之旅"线路，更是引起了全球的轰动，此营销事件成功入选"中国最具影响力旅游营销事件"（2010—2011 年）。2017 年春节期间，我们借助湖南卫视，在春节黄金时段，推出了"直播苏木绰"专栏，让石堰坪的民风民俗及乡村旅游风光名声远播。2017 年 6 月 29 日，借张家界市第二届民俗文化活动月举办之际，我们成功地推出了"首届国际网红直播旅游节"，借当今最时尚的网红来传播旅游，再一次开世界旅游营销传播之先河。

机制创新：全面整合，全员营销

在多年的营销实践中，我们按照"政府主导，企业跟进，全面整合，全员营销"的原则，充分调动各方面营销的积极性，形成了一套良性互动的旅游营销机制。

每年年初，市政府都会从大处着眼，制定符合张家界市实际的营销工作方案，明确当年年度的全市旅游营销的方向和重点，将营销任务分解到各区县、各景区、各旅游企业。我们注重整合旅游、宣传、外事、文化及相关旅游企业的力量，形成营销合力，在财力紧张的情况下，市政府每年用于营销奖励的资金不少于 5000 万元。张家界市旅游外联营销小分队已遍布全国 293 个地级城市和各省会城市，为了整合他们的力量，我们将国内市场分为东、南、西、北、中五大营销战区，成立指挥部，实行战区联合营销。去年各区县在"冬游张家界, 嗨动全世界"主题下开展的 10 大营销活动，效果良好，使冬季不淡。张家界的旅游营销已成为各涉旅企业的自觉行动，各企业每年都会预算一定的经费用于旅游营销。特别是天门山景区、大峡谷景区、黄龙洞景区等单位，每年用于旅游营销的费用都在千万元人民币以上。市内各大官媒和自媒体对旅游营销也十分重视和配合，遇有重大活动、重大工作，只要市委、市政府一声令下，就能做到全面出动，形成排山倒海的宣传声势。

多年的营销实践，让我们感慨良多。如果要说经验，最重要的有以下四点：

一是各级党政领导重视旅游营销。在张家界市，说起旅游营销，市委书记可以说是营销书记，市长也可以说是营销市长，因为他们都发自内心地重视旅游营销，始终把旅游营销当作自己的重要工作在抓。市委、市政府如此重视，区县领导也是如此，一有重大旅游活动，市、区县主要领导都会亲自走到前台营销，每个出国交流的团组都会把旅游营销当作必做功课。

二是企业管理层主动组织营销。企业是营销的市场主体。企业管理层既是管理者、建设者，也是宣传员。天门山的翼装飞行大赛，黄龙洞的洞听黄龙音乐季，万福温泉的温泉泼水节，魅力湘西的艺术展演，都是企业管理层亲自策划实施的。张家界大峡谷景区以玻璃桥设计、建设、检验、试营等各环节为支点，开展网上征名，授予设计师度满堂荣誉市民称号，实行倒逼式饥饿营销，也是张家界市旅游营销的经典之作。去年 10 月玻璃桥开放之后，该景区在国内外深受欢迎，2017 年 1—6 月接待游客人数 185 万人次，同比增长 270%。

三是以包容性的态度培养旅游营销人才。我们注重以创意策划激发智力，以旅游活动提升能力，以市场管控锤炼魄力，培养了一批旅游营销奇才。黄龙洞景区董事长叶文智是"定海神针"投保与飞机穿越天门洞的策划者，在取得国际乡村音乐节的永久举办权后，以"哈利路亚"命名音乐厅，天天上演"烟雨张家界"音乐史诗，2016 年夏季首创洞听音乐节，又把音乐搬进了溶洞。黄龙洞景区营销总监卓名成，天门山景区董事长张同生、副总经理田辉林，张家界大峡谷景区董事长陈志冬、总经理罗嗣清以及市、区、县旅游管理部门的一些同志，经过长期摔打，在我国旅游营销界已产生了较大的影响。

四是把营销渗透到旅游产业的各方面各环节。涉旅部门和旅游企业政企联手、部门联合、上下联动，一手抓产品开发，一手抓市场拓展，形成了强大的营销合力；在城市建设和管理中注入旅游营销，注重城市建筑风格、城市风貌特色、城市夜景布局的建设，打造城市旅游品牌；把旅游营销融入旅游配套设施建设中，全市已基本形成由高速公路、高铁、国际机场为重点的快捷旅游交通格局。我们还注重将旅游营销与市场监管相结合，建设了自助游服务体系、智慧旅游体系，建立健全了旅游质监、旅游警察、旅游工商、旅游巡回法庭联合执法机制，长年开展服务旅游创"三优""平安满意在张家界"活动，提高服务水平，创建良好的旅游环境。

再一次感谢会议组织方，感谢在座的各位朋友！张家界欢迎你们前来观光旅游。

谢谢！

（本文作者系张家界市人民政府原任副市长、现任张家界市政协主席）

目录 CONTENTS

张家界天子山
(邓剑 / 摄影)

首届湖南旅游发展大会将在张家界举办

省委书记强调要"办一次会、兴一座城"

[编者按] 首届湖南旅游发展大会定在张家界举办，是省委、省政府对张家界市作为全省全域旅游发展龙头的充分肯定与建设世界一流旅游目的地的最大支持。从某种意义上说，也是对张家界旅游转型升级的有效推动，更是旅游营销的一次大的整合与旅游行业"湖南形象"的集中展示。征得红网记者何超、刘玉先同意将此文作为特例编入，以飨读者。

2022年7月19日，湖南省委书记、省人大常委会主任张庆伟主持召开专题办公会议，听取首届湖南旅游发展大会组织筹备工作有关情况汇报，研究部署下一步工作。

他强调，要深入学习贯彻习近平总书记关于文化和旅游工作重要论述，突出"办一次会、兴一座城"，坚持高标准、高质量、高水平，精心谋划、有序推进首届湖南旅游发展大会各项筹备工作，努力办出特色、办出影响、办出精彩，加快建设世界知名旅游目的地，推动全省旅游业高质量发展。

听取前期筹备进展、部署当下攻坚重点。这桌酝酿已久的文旅盛宴，到了即将烹饪出锅的紧要关头。此刻，省委书记专题调度旅发大会组织筹备工作，足见省委省政府对旅游业的高度重视和殷切期望。

为何要烹饪这桌大餐？筹备半年多以来，有哪些进展？冲刺阶段，省委书记又提了哪些要求？下面，来看看湖南高规格办会背后的战略意图和现实考量。

从省委书记再部署，读懂办会意义

产业因旅游而兴，城乡因旅游而美，百姓因旅游而富！

党的十八大以来，以习近平同志为核心的党中央高度重视文化建设和旅游发展，从统筹推进"五位一体"总体布局、协调推进"四个全面"战略布局的全局高度，作出一系列重大战略部署、推出一系列重大政策举措，推动社会主义文化日益繁荣兴盛、旅游持续蓬勃发展。

2022年年初，湖南今年将举办首届"旅发大会"的消息甫一传出，就让饱受疫情困扰的湖南旅游界倍感振奋。因为，推开"旅发大会"这扇窗，我们看到的不仅是一场旅游盛宴，而且是一个带动效应和潜在价值不可估量的产业链。

去年召开的湖南省第十二次党代会明确提出："加快文化强省建设，实施全域旅游战略，建设世界知名旅游目的地，打造红色旅游基地，深化文化和旅游融合发展，力争实现5A级景区市州全覆盖。"

因此，举办首届"旅发大会"是学习贯彻习近平总书记关于文化和旅游工作系列重要论述的生动实践，是落实省第十二次党代会部署的有力之举，也是湖南旅游应对疫情冲击、抢占发展先机的关键。

强旅之声，一呼百应。随之，旅游业发展在全省上下都摆上更高位置，文旅产业站上了前所未有的新高度，14市州竞相申办大会，经过多轮评估考察，大会首届举办地花落张家界。

3月，张庆伟在张家界调研时强调，要在办好首届湖南旅游发展大会上下功夫、见实效，积极探索常态化疫情防控条件下旅游发展新模式，做到"办一次会、兴一座城"。

办会兴城——背后深意可见一斑，旅发大会成为带动全省经济社会高质量发展的重要抓手。观潮君了解到，目前全省上下已形成省市县联动的"1+13+N"的办会机制，除省级旅发大会承办地外，其余13市州每年要明确一个县（市、区）承办市级旅发大会。

"一业兴、百业旺"。对此，有人把旅游业称为经济寒潮中的一朵报春花。举办首届旅发大会，加快旅游业发展，不失为稳住经济大盘的"妙手"。

筹备半年多，大会进展咋样

7月19日的会议上，省文旅厅、张家界市、湖南广播影视集团分别汇报了筹备工作情况。对此，张庆伟给予了充分肯定。

具体而言，省级层面支持上，协助张家界对接省直部门直接支持项目达219个、总投资364.66亿元，8月底前竣工项目45个。目前，已有43个省直部门"一把手"先后赴张家界实地调研，56个省直单位表态支持张家界办会政策161项。

张家界城市风貌 （郑亚平 / 摄影）

在宣传造势上，各媒体开设系列专栏，开展了"我是家乡推荐官""春暖潇湘·万屏联动""大美湖南——聚焦首届旅发大会"等 20 余项文旅公益宣传推广活动，开展湖南旅游宣传口号、形象标识征集，做到"周周有活动，月月有高潮"，全面提升了湖南文旅形象。

在全省联动上，除张家界外，其余 13 市州从 2 月底开始，就积极部署召开市级旅发大会，坚持以旅发大会抓项目促发展，13 个市州共推进文旅项目 193 个，总投资1537.16 亿元。

在旅游复苏上，湖南出台了促进旅游业发展的 10 条措施，发放文旅消费券开展"五十万游客入张"活动、"周游三湘"暑期消费季活动，旅游业逆势增长复苏。

资料显示，张家界武陵源、天门山、大峡谷、茅岩河四大景区6月日均接待游客人数超1.2万人次；今年上半年，全省共接待国内外游客人数1.71亿人次，实现旅游收入2572.09亿元，恢复到2019年的85%。

在招商引资上，张家界实行全员招商、以会招商，接待华侨城集团等80余批次客商考察；帮助企业解决困难，金融机构为63个项目提供信贷支持116亿元；2022年首次集中签约活动签约产业项目35个、总投资85亿元。

进入冲刺阶段，有哪些新方向

越到紧要关头，越要真抓实干。进入冲刺阶段，还有哪些重点任务？会上，张庆伟作了重点部署。

聆听了现场讲话，观潮君来给大家划划重点——

办会目标，办好旅发大会是把握新发展阶段、贯彻新发展理念、构建新发展格局、推动高质量发展的重要抓手，是改变城乡面貌的重要举措，是常态化疫情防控下旅游发展新路子的重要探索，是展示湖南形象的重要窗口。

全省上下要提高政治站位，按照"发展大旅游，开拓大市场，形成大产业"的要求，进一步统一思想和行动，通过"立标打样"，引领全省文旅产业竞相发展、全面发展、升级发展。

加快项目建设，要不断缩小景区内景区外、景城之间的差距，突出旅游和文化、体育、科技等产业融合发展，加大招商引资力度，向市场要投资、找项目，掀起新一轮旅游产业项目建设热潮。

做好宣传造势，统筹旅游媒体资源，有效开展线上线下宣传，通过广泛征集宣传口号、创作主题歌曲、开办专栏、集中访谈等形式，大力推介湖南旅游资源、旅游线路、旅游产品。

促进旅游发展，注重抓规划引领、抓产品供给、抓设施提升、抓市场营销、抓优质服务，叫响湖南旅游品牌，示范带动全省旅游改革和创新发展。

当下旅游市场正快速回暖，湖南的脚下，正是一条前景无限的文旅融合发展大道，这里涌动着千万人奋进的渴望，寄托着大家对旅游创造美好生活的向往。

让我们期待湖南以首届旅发大会为翘板，让"诗"和"远方"浑然一体，让人们更好地领略自然之美、文化之美、生活之美。

（本文作者：红网记者／何超、刘玉先）

仙境张家界
峰迷全世界

　　张家界位于中国湖南省的西北部，总人口 151 万，总面积 9533 平方公里，是湖南开放的窗口、迎宾的客厅、旅游的龙头和美丽中国的亮丽名片，是国家"十四五"旅游发展规划 25 个重点旅游城市之一。

　　张家界是绿色家园。有世界绝版的自然山水，境内奇峰三千，秀水八百，汇集了峰林峡谷、溶洞温泉、湖泊溪流、原始森林、红色景点等丰富资源，被誉为"扩大的盆景，缩小的仙境"和"地上最高绝景"。拥有中国首批世界自然遗产、全球首批世界地质公园、世界"张家界地貌"命名地、中国第一个国家森林公园、首批国家 5A 级旅游景区、全国文明风景区"六张金色名片"。有各类景区景点 300 多个、国家 3A 级以上景区 31 家，其中国家 5A 级旅游景区 2 家。张家界更是生态文明实践的典范，2021 年中心城区空气优良天数比达 99%。先后获得国家卫生城市、国家森林城市、国家环境空气质量达

天子山御笔峰　（邓昌勇 / 摄影）

标城市等称号，被评为"2019 中国美丽山水城市""2019 中国绿色发展优秀城市""2020中国最具生态竞争力城市""2021 践行生态文明发展优秀城市"。

张家界是红色沃土。红色文化底蕴厚重，是贺龙元帅的故乡、中国工农红军第二方面军诞生地和长征出发地，是湘鄂西、湘鄂边、湘鄂川黔革命根据地的策源地和中心区域。有全国重点文物保护单位 3 处，已经成为全国 30 条红色旅游精品线路之一、全国 100 个红色旅游经典景区之一、全省 3 条党性教育精品路线之一，2021 年红色旅游接待人数达 682.1 万人次，红色旅游收入 53.4 亿元。

张家界是多民族聚集地。汉族、土家族、白族、苗族等 33 个民族在这里繁衍生息，少数民族人口占总人口数的 75.28%，楚人文化、土司文化、民俗文化底蕴深厚，拥有 10 大类 818 项非物质文化遗产。土家花灯、板板龙灯、摆手舞等民族民间文艺活动丰富多彩，"直播苏木绰""元宵灯会"、土家"六月六"等盛会热闹非凡；现有《张家界·魅力湘西》《天门狐仙·新刘海砍樵》《张家界千古情》《遇见大庸》等 7 台演艺大戏，《张家界·魅力湘西》《天门狐仙·新刘海砍樵》被评为国家文化产业示范基地。张家界正在打造"中国旅游演艺之都"。

张家界是便捷之城。张家界地处湘鄂渝黔四省市边界，是武陵山片区旅游核心区域、湖南对接成渝经济圈的桥头堡。荷花国际机场是湖南第二大机场、武陵山片区最繁忙国际机场和唯一的国家一类航空口岸，国际国内航线达到 88 条，其中国际和地区航点 27 个，开通 2 条国际全货机航线，已通过 Skytrax 国际四星机场认证；黔张常高铁和张吉怀高铁建成交会，成为高铁"十字枢纽"城市，旅游列车直达全国 50多个大中城市；长张、张花、张桑、安慈等高速贯穿全境，形成了航空、高铁、高速立体交通网络。

张家界是世界知名旅游目的地。全市有星级酒店 23 家，其中五星级酒店 3 家，精品民宿 100 多家，床位 15 万张以上；有旅行社 357 家，执业导游 12000 多名。2019 年，张家界接待旅游总人数达 8049.3 万人次，旅游总收入 905.59 亿元，其中入境旅游人数 137 万人次。境外客源市场达到 133 个国家和地区，2021 年与北京、上海等地共同上榜海外文旅影响力最高的中国 10 大城市。在韩国旅游市场有"人生不到张家界、百岁岂能称老翁"之誉。《西游记》《江山如此多娇》等著名影视剧在这里取景，是美国大片《阿凡达》实景原型，翼装飞行世锦赛的固定举办地。一直以来，张家界追求创新与卓越。2021 年，张家界出台了《加快建设世界一流旅游目的地行动计划（2021—2025)》，正在加快把张家界建设成为生态美好、风格独特、品质卓越、文明和谐、游客向往，享有全球知名度和美誉度的世界一流旅游目的地。

创意营销

CREATIVE MARKETING

'99 飞机"穿越天门"

　　"不怕做不到，就怕想不到"。张家界黄龙洞"洞主"叶文智对机会的把握与众不同，很多人在等待机会中错失机会，而他有机会时会拼命抓住机会，没有机会时则会善于利用和转化各种资源来创造机会，这样别人不敢想的愿望就有可能变成现实。20 世纪 90 年代末的张家界，在国内的知名度已经渐高，但在国际上的位置还很低。"大河有水小河满"，如何迅速提升张家界在国际上的影响力，是叶文智涉足旅游后经常思索的课题。

　　飞机，作为现代社会最为快捷、最为方便、最为安全的交通工具，一直受到世人青睐。但因为造价太高，平常人往往可望而不可即，叶文智却与飞机有着不解之缘。早在 20 世纪 90 年代初，20 岁出头的叶文智就涉足飞机领域经营通用航空器材；1993 年张家界国际森林保护节期间，叶文智在武陵源区兴建了直升机场，率先开通了张家界直达长沙的包机业务；1998 年 9 月，叶文智在黄龙洞景区启动"乘直升机观张家界"空中游览活动，他本人作为直升机的常客，时而盘旋在青山之巅，时而徜徉在秀水之面。1998 年 12 月的一个晴天，在飞机上，叶文智壮志凌云，胸怀蓝天，登高望远……有着 36 年安全飞行记录的老飞行员高孝根驾驶直升机翱翔在天门山上空，当飞机从天门洞前一闪而过时，他对坐在身边的叶文智说："敢不敢，我带你穿越天门洞？"这句飞行员的豪言壮语，本是展示其飞行本领的玩笑话，却让敢想敢干的叶文智眼前一亮、心中狂喜不已：用飞机钻洞，这可是件前无古人的事！一定能吸引全世界对张家界的关注！

'99 飞机 "穿越天门"

1999 年，"穿越天门"总策划叶文智先生接受央视记者采访

过　程

　　1999 年年初，受飞行员玩笑话"启发"的叶文智决定要在张家界做一件惊天动地的事情：用飞机穿越张家界天门洞。为了做到胸中有数，他先是做了两件事：一是请专业人员对天门洞数据进行勘测；二是请专家对穿越构想进行论证。天门洞，镶嵌在素有"武陵之魂"的张家界天门山半山之中，海拔 1261 米，洞高 127.3 米，洞身279.2 米，洞宽 28~58 米。作为天然穿山巨洞，其海拔高度和险要地形在世界上实属罕见。航空专家考察天门山后，作出了"航空运动型飞机可以尝试穿越飞行，其他民航机和战斗机均不宜"的结论。

　　专家的结论，更增加了叶文智"异想天开"的决心。接下来的一段时间，他把黄龙洞的事情交给其他副总们打理，自己则反复奔走在国家安全、外交、海关、民航、体育、公安等各部门办理审批手续。精诚所至，金石为开。经过 6 个月时间，14 个部级公章大印，47 道审批程序，由国际航空联合会、中国航空运动协会主办及张家界市人民政府承办的"穿越天门，飞向 21 世纪"为主题的'99 张家界世界特技飞行大奖赛的所有手续按照程序办妥时，"空中飞人"叶文智的脸上露出了疲惫而快乐的笑容。

1999 年 9 月，'99 张家界世界特技飞行大奖赛组委会正式成立，时任国家体育总局局长伍绍祖、空军司令员刘顺尧、中国民用航空总局局长刘剑锋、国家旅游局局长何光暐、湖南省人民政府省长储波担任组委会名誉主任，湖南省人民政府副省长潘贵玉担任组委会主任，国际航空联合会特技飞行大奖赛总干事莫耐特担任大奖赛总顾问，黄龙洞投资股份有限公司总经理叶文智担任总策划。组委会设在张家界市中苑大厦 13 楼，距离荷花机场 10 公里，这里可以看到巍峨雄壮的天门山。组委会紧锣密鼓地投入筹备工作，先期完成了模型飞机试飞、气象分析、宣传片拍摄、活动预告等准备工作，与此同时，张家界市抽调了安全保卫、电力通信、交通环卫、卫生防疫、工商物价、旅游宣传等部门的精兵强将予以协助，出台了切实可行的操作方案，把具体工作做实、做细、做好，以东道主的姿态严要求高标准地搞好本次"惊世绝飞"。

1999 年 10 月 19 日和 11 月 9 日，组委会分别在北京、上海举行新闻发布会，正式宣布 20 世纪末最后一次、也是规模最大一次的航空运动盛会——"穿越天门，飞向 21 世纪"'99 张家界世界特技飞行大奖赛的具体规模、日期、地点、内容及意义，《人民日报》《中国日报》和中央电视台、新华社等 150 家中外媒体进行了现场采访报道。

1999 年 11 月 19 日，参加大奖赛的美国、俄罗斯、匈牙利、捷克、德国、法国、立陶宛、哈萨克斯坦等 9 个国家的 11 架境外飞机器材抵达深圳黄田机场，机组人员组装飞机经韶关、衡阳落地加油后进入张家界待赛。

1999 年 11 月 23 日，组委会在上海国际会议中心成功举行广告招商拍卖会，湘酒王、白沙、中国农业银行等众多企业取得特技飞行飞机的冠名权。

1999 年 12 月 1 日，中央电视台、湖南卫视团队抵达张家界筹备现场直播工作，出台可行性方案后，在荷花国际机场、天门洞附近和直升机上架设 12 个机位。

1999 年 12 月 7 日，所有参赛的特技飞行飞机、运动员及现场采访的 200 名中外记者抵达张家界。鉴于大赛的惊险性，组委会和天门山旅游股份有限公司联合为大奖赛活动中的天门洞、现场观众、参赛飞行员投保共 40 亿元人民币。

1999 年 12 月 8 日下午，沉寂万年的天门山在晴空中格外美丽，荷花国际机场内人山人海，'99 张家界世界特技飞行

叶文智接收俄罗斯空军的空军帽作为纪念品

（毛建初 / 摄影）

俄罗斯空军天门山特技飞行表演现场　（赵子华／摄影）

大奖赛隆重开幕，10 余万中外游客和当地市民有幸目睹了这千年一遇的盛况。14 时整，随着组委会副主任、中共张家界市委书记刘力伟鸣枪发令，开幕式表演活动开始。来自美国、俄罗斯等 9 个国家的 15 名运动员进行了精彩的飞行表演，张家界蓝色天幕中，捷克"空中搏击"的 4 架银色飞机组成的菱形编队，在做了精彩跃升动作之后一字散开，翻滚盘旋中拉出了几圈白色的尾烟，写意地构成"2000"数字图案。这一动人心弦、美妙绝伦的"空中芭蕾"表演，寓意本次"穿越天门，飞向 21 世纪"的活动主题。同时国家跳伞队和其他航空运动队还进行了花样跳伞、动力伞联队编队表演以及热气球、热气飞艇飞行表演。

　　1999 年 12 月 9 日和 10 日，大奖赛正式开赛。15 名特技飞行员在空中围绕纵轴、横轴、立轴分别完成了直线、转弯、滚转弯、螺旋、筋斗等 9 项造型动作，并竭尽全力在观众和裁判面前展示自己的绝招，进行惊险刺激的较量和紧张的角逐。俄罗斯女飞行员卡帕尼娜第一个上场，她驾驶的红色苏 -31 飞机如利箭离弦，空中动作一如体操般精准而有致，各种造型都挥洒得轻松自如。捷克选手马丁风格独具，他驾驶的飞机时而跃升高空，时而贴近草皮，其勇猛作风赢来一片喝彩……立陶宛 47 岁的凯瑞斯最后一个上场，他在古典音乐伴奏下从容驾机，动作幅度很大，而又不失优雅，将特技飞机的艺术性和技巧性有机地结合在一起，特别是拿手绝活"蛇形滚动"做得令人叹为观止，最终征服所有裁判获得大奖赛个人第一名，而团队第一名则由捷克 4 架飞机编队获得。

　　1999 年 12 月 11 日 14 时 28 分，亿人关注张家界，万众瞩目天门山，整个赛事中的点睛之笔"穿越天门"正式举行。匈牙利特技飞行大师彼得·贝森叶从容驾机一举穿过了世界海拔最高的自然山洞——天门山天门洞，实现了人类历史上的飞行壮举，并获得吉尼斯世界纪录总部官员现场颁证认可。受此鼓励，包括唯一的女选手卡帕尼娜在内的其他 11 名特技飞行员都一一成功穿越天门洞，其中法国"空中骑士"两架飞机载着一对新婚夫妇穿越成功、捷克"空中搏击"四架飞机同时穿越成功都属于世界首创。中央电视台、湖南卫视联袂对"穿越天门"盛况向全球现场直播，近 20 万中外游客和当地市民及 200 家中外媒体现场见证了"穿越天门　世纪绝飞"的英雄壮举。当天下午，'99 张家界世界特技飞行大奖赛胜利落下帷幕，时任全国政协副主席毛致用、广州军区副司令员文国庆中将、湖南省委书记熊清泉、省人民政府省长储波等各级领导和嘉宾 300 人出席了闭幕式。此时此刻，万众沸腾，欢声雷动，世界为张家界发出惊叹，张家界的名字一时间响彻全世界。

效　果

如果说，叶文智为黄龙洞"定海神针"亿元投保的初步成功，掀开了张家界创新事件营销的大幕，那么他总策划的"穿越天门"张家界世界特技飞行大奖赛则成为中国旅游界创新事件的经典案例，从而推动自己成为叱咤中国旅游界的风云人物，也奠定了张家界在世界旅游中的江湖地位。

"穿越天门"'99 张家界世界特技飞行大奖赛，以蓝天为背景，将青山作舞台，拿银燕和彩烟叩开了沉睡千年的天门山，实现了人类飞行史上驾机穿越自然山洞的伟大创举。这次体育活动的成功举办，让张家界这片神奇的山水通过"天门洞"这条时空隧道，通过中央电视台的卫星迅速飞出中国、飞向世界，把张家界的旅游产业直接推上了高速公路。整个活动的成功举办还推动了中国航空体育运动和湖南张家界旅游事业的融合，增进了国际特技飞行技术的交流与合作。时任湖南省委书记杨正午评价说："穿越天门，是一个大手笔"。

"穿越天门"'99 张家界世界特技飞行大奖赛很快提高了张家界的知名度，不仅为天门山此后成为"张家界的新传奇"奠定了良好的品牌基础，更迅速推动了张家界旅游经济的发展。1999 年，张家界全年旅游收入 12.6 亿元；2000 年，收入 19.7 亿元；2001 年，27.6 亿元；2002 年，33 亿元；2003 年，34 亿元；2004 年，55 亿元……扣除黄金周和自然增长，业内人士估算，"穿越天门"活动至少给张家界的旅游收入带来了 25 亿元的增长。为此，张家界市人民政府给活动总策划人叶文智颁发建市以来首个旅游宣传突出贡献奖，奖金 30 万元人民币。

张家界顶有神仙，天门山上续传奇。2006 年 3 月 17 日至 19 日，叶文智又一次为宣传促销张家界不惜重金扔下"原子弹"，在张家界天门山再次总策划了更令世人瞩目的蓝天盛会——2006 俄罗斯空军张家界特技飞行表演。其间，世界上唯一使用重型战斗机进行飞行表演的俄罗斯"勇士"战机表演队，表演了空中加油等 10 多个特技飞行科目。本次活动作为中国俄罗斯年特别活动，因其方式独特、场面盛大、亮点突出，是一项兼具外交题材、历史题材、军事题材、文化题材、自然资源有机配置和整合的重大国事活动。所以，从活动策划到组织实施，张家界受到 200 多家中外媒体的高度聚焦和国际上的广泛关注，其中中央电视台、凤凰卫视、澳亚卫视、台湾东森电视台等媒体对活动进行了总时间达 137 小时的现场直播，再一次高层次、全方位、大态势对外宣传了张家界，把张家界推向全世界，进一步提高了湖南特别是张家界的知名度和美誉度，发展和提升了湖南和张家界旅游品牌，推进湖南由旅游资源大省向旅游产业大省的跨越。

从旅游企业的宣传促销到政府主办的活动，从一个地方性的活动上升为国家性的活动，从特技飞行表演活动综合成一项政治经济文化活动，叶文智总策划的'99 飞机"穿越天门"和 2006 年俄罗斯空军张家界特技飞行表演都是影响全国、轰动全球的经典旅游营销。

（本文图片由黄龙洞旅游公司与邓道理提供）

2006 年俄罗斯空军天门山表演

（天门山旅游公司／供图）

张家界天门山
"翼装飞行世锦赛"

天门山，位于张家界市永定区主城南麓，因自然奇观天门洞而得名。2005年9月，天门山景区正式开园纳客，作为山岳型景区的新成员，如何在众多名山大川中独树一帜吸引客流，成为天门山景区运营之初的头号难题。

景区管理者通过深入的研究探讨，对市场需求、竞争环境以及自身资源有了全面清晰的认识，而利用更少的资金，通过创意性的事件营销活动聚焦公众眼球，吸引媒体广泛传播，借活动过程呈现景区资源特点成为天门山品牌形象传播的重要策略。同时，秉承'99飞机"穿越天门"活动的巨大影响力和精神内涵，天门山营销管理团队制定了以"传奇"为品牌内涵、以"不可思议的极限挑战"为主要活动形式、以"巨大悬念为惊爆点"的事件营销活动执行策略。而对活动的选择，更是秉持宁缺毋滥的态度，活动除了内容吸引眼球，还要精神层面充满正能量。不能仅仅为了噱头，还要切合景区自身的特点，要以赛事的精神内涵来丰富景区的文化内涵。

"翼装飞行"又叫"近距离天际滑翔运动"，运动员身着特制衣服和装备，从飞机、高楼大厦、悬崖绝壁等高处一跃而下，运用肢体动作掌控滑翔方向，像蝙蝠一样以每小时200公里以上的速度飞行。由于起飞高度低，用于调整姿势和打开降落伞的时间十分短促，危险性和难度都极大，被称为"世界极限运动之最"。全球翼装飞行运动员不过数百人，能够在复杂的环境中贴近山体或障碍物进行高速飞行的人更是寥寥无几。

2009年，美国翼装飞行运动员杰布·科里斯收到友人发来的一张天门洞的照片，朋友给了杰布一个大胆的建议——挑战翼装飞行穿越天门洞。作为全球公认世界最顶尖、最勇敢的极限运动员，杰布·科里斯已先后在16个国家完成了近千次的极限跳伞，但身着翼装穿越自然穿山溶洞前所未有。带着兴奋与期待，杰布准备了一份挑战计划，

天门山翼装飞行

穿云破雾访天门 （龚朝阳 / 摄影）

跨越大半个地球来到张家界天门山景区寻求合作。

　　杰布"穿越天门"的计划，代表着翼装飞行首次走进中国，其稀缺性、技术含量和挑战性，更是与天门山营销管理团队构想的"不可思议的传奇挑战"同符合契。这一次的会面，也拉开了此后天门山系列翼装飞行赛事活动的序幕。

　　经过一系列严谨的勘察和准备，2011 年 9 月 24 日，美国翼装飞行运动员杰布·科里斯在张家界天门山创造了人类首次无动力翼装飞行穿越自然山洞的历史。美国广播公司（ABC）把这次挑战比喻为"杰布像穿针引线一样穿越了一座山"。这次穿越天门洞的挑战，也是翼装飞行在中国的首次亮相，活动获评"2010—2011 中国最具影响力的十大旅游营销事件奖"，其全程纪录片《天门》被美国国家地理频道买断，并在全球数十个国家播出。亿万人通过电视或网络欣赏到这次惊心动魄的挑战过程，也领略到翼装飞行运动的神奇和精彩。

　　与此同时，张家界天门山奇险而又复杂的地形条件对全世界的翼装飞行运动员产生了强烈吸引，很多人找到杰布·科里斯，咨询探讨更多来天门山的飞行挑战计划。随着越来越多的关注，来天门山，成为翼装飞行运动圈内一项有规模的集中挑战计划。

　　2012 年年初，世界翼装飞行联盟（World Wingsuit League, 简称 WWL）成立，包括杰布·科里斯在内的当今世界几乎所有翼装飞行高手都属于这个组织。带着众人的期待，作为联盟创始人之一的杰布·科里斯再次来到张家界天门山寻求合作，此次同行而来的还有世界翼装飞行联盟的主席伊罗·塞伯伦、秘书长杨枫。这一次的合作，诞生了一个史无前例的世界级翼装飞行空中竞技赛事计划——WWL 翼装飞行世锦赛。杰布·科里斯表示:"这将是人类史上最震撼的飞行比赛,就像是一场空中的 F1 方程式大赛。比赛在狭长的山谷之中进行,对飞行人员的技术要求相当高,全世界具备参赛资格的运动员不超过 20 名。"

过 程

在首届翼装飞行世锦赛举办前,一些类似的比赛也曾在世界各地举办,但规模、水平和难度都无法与本次比赛匹敌。作为首个在国内举办的翼装飞行世界级大赛能否在天门山成功落地。没有经验,没有参考,只能一步步去探索和实施。

2012 年 5 月,活动前期筹备组成立,向相关主管部门开始进行活动的层级申报。经过努力,两个月后,公安、空管、体育、民航等多个部门审批程序逐一办妥。由世界翼装飞行联盟(WWL)和张家界市人民政府主办的"WWL 首届翼装飞行世锦赛",定于 2012 年 10 月 12 日至 14 日在张家界天门山景区举办。世界翼装联盟主席伊罗·塞伯伦评价道:"毫无疑问,这将是翼装飞行运动自诞生以来水平最高、规模最大、最专业的一次比赛。"

2012 年 9 月,大赛组委会成立,世界翼装飞行联盟主席伊罗·塞伯伦和张家界市人民政府副市长梁碧任组委会主任;组委会下设综合协调办公室,张家界市及永定区旅游宣传、公安消防、卫生体育、外事办、接待处等部门为成员单位;办公室下设竞赛部、安全保卫部、工程保障部、接待部、医疗救援部、公关宣传部。组委会成员各司其职,有条不紊地开展工作,先后完成了线路勘测设计、起跳台搭建、降落点布置、直播台搭建、媒体预热、救援方案制定及演练等准备工作。所有筹备工作事无巨细均力求完美,以确保这场万众期待的大赛顺利举办。

2012 年 10 月 7—8 日,参加此次大赛的美国、英国、南非、挪威、法国、意大利、新西兰、澳大利亚、哥伦比亚 9 个国家的 15 名翼装飞行运动员抵达长沙。作为全世界最高翼装飞行技术水平的代表,他们每个人都有着不同寻常的经历和成绩。其中,南非人朱利安·布勒是世界著名的空中特技摄影师,获得过 8 次南非全国冠军,因高超的飞行技术出演了电影《变形金刚 3》中的真人翼装编队飞行;来自英国的詹姆斯·波尔是一名翼装飞行教练,曾经在世界各地的山顶和飞机上进行过 2500 余次翼装飞行;来自美国的迈克斯·旺森,拥有 4 个全国冠军和 3 次世界冠军的头衔,同样因为高超的翼装飞行技术出演了《变形金刚 3》;来自美国的乔比·欧格温,是世界上首个翼装飞跃珠穆朗玛峰的人……高手云集，他们从世界各地奔赴而来，怀着梦想和豪情，只为在天门山角逐"翼装之王"的至高荣誉。

2012年10月9日，组委会在长沙举办了大赛新闻发布会，来自新华社、《人民日报》、中央电视台、中央人民广播电台等境内外近百家媒体参会。当15名翼装飞行运动员进场集体亮相时，现场气氛高涨，把发布会瞬间推向了高潮。"全球翼装飞行大赛即将上演"的新闻也随之全网发布。

2012年10月10日，运动员来到天门山进行现场考察及热身训练。来自不同国度他们的第一次在梦想之地集结，每个人脸上都流露出抑制不住的兴奋。

2012年10月11日，组委会举办了赛前媒体见面会及运动员抽签仪式，运动员个个摩拳擦掌，全球首届翼装飞行世锦赛一触即发。

2012年10月12日，上午8点半，运动员们乘坐天门山索道抵达位于海拔1400余米的天门山山顶的起跳台，裁判、媒体及相关工作人员都各就各位，大家都期待着空中飞人大赛的上演。可就在运动员换好翼装即将开赛时，天空却突然下起了雨，山间瞬时云雾蒸腾，从起跳台往下望去，空中的飞行线路、飞行标志物及山下的降落点都隐没在一片白茫茫之中，并且山顶的风也在逐渐变大。如此天气，比赛还能

翼装飞行编队飞行起跳 （彭立平 / 摄影）

继续吗？

翼装飞行是世界极限运动之最，但不代表这项运动是冲动加冒险的代名词。相反地，翼装飞行运动对高度、距离、气流、风力、运动员装备都有严格的要求。而本次大赛由于飞行空域群峰耸立，地形复杂且气流变幻莫测，规定的飞行路线航道狭窄且转弯较急，不仅对参赛选手的飞行技术有着严苛的要求，对天气情况更是有着严格的标准。

面对突如其来的天气变化，赛事组宣布运动员在起跳台休息等待，由法国选手路德维克·伍斯作为"天气测试员"进行一次试飞。当路德维克·伍斯起跳飞行扎进云雾后，所有人的心都提到了嗓子眼儿，直至降落伞打开平稳落地，众人才松了口气。但试飞情况不乐观，山谷中变幻莫测的乱流让路德维克·伍斯的试飞过程险象环生，所有人只得继续等待。

天公不作美，大雾阴雨天气一直持续。10 月 13 日下午，世界翼装飞行联盟主席伊罗·赛伯伦宣布比赛延期的消息，伊罗说道："我们这些选手都是世界上最勇敢的人，但考虑到大雨、大雾以及变化的气流的危险系数以及未来几天的天气预报，我们决定将比赛推迟进行。据气象台报道，未来 3 天雨水还将光顾张家界，17 日起天气将逐渐转晴。按照最新赛程，比赛将不再设排位赛，17 日直接进入 8 强淘汰赛，18 日进行决赛的争夺。"

10 月 17—18 日，告别阴霾迎来阳光，大赛终于顺利举行。15 名选手按照抽签顺序依次从海拔 1435 米的天门山鲲鹏顶起跳出发，先是垂直向下百米俯冲，再急速右拐进入山谷中间，然后以大回环方式绕过折返标志线，飞过天门山索道终点线后打开降落伞，完成总长约 1.2 公里的空中飞行，在规定线路内用时最短者获胜。

所有参赛选手都铆足了劲儿，使出各自绝招全力比拼。关于本次大赛的比赛技巧，裁判罗宾表示："此次竞速不是全程直线全速飞行，最难的是'大回环'，选手要有稳定的飞行控制力，选择合适的转弯位置和技巧，才能在空中选取最佳飞行线路，达到更快的飞行速度"。最终，来自南非的朱力安·布勒以 23 秒 41 的惊人速度夺冠，来自美国的艾斯鹏·费德尼斯和英国的詹姆斯·波尔以 23 秒 55 和 23 秒 84 的成绩分获亚军和季军。

10 月 18 日，在以雄奇天门山为背景的颁奖台上，3 名获奖运动员高高举起本次大赛特别设计的"飞翔之翼"的奖牌，现场百余名媒体记录下了这激动人心的一刻。"2012 首届翼装飞行世锦赛"在欢呼声中落下了帷幕。

效　果

BEST INVENTIONS
Best Inventions of the Year 2012
Robots, rovers and the rest of 2012's most important innovations, from the affordable to the extreme

Wingsuit Racing
Price: $600–$2,000 per wingsuit

Flying humans wearing batlike suits competed in October in the first ever Wingsuit Flying World Championship in China. Participants descended from 5,000-ft. (1,500 m) cliffs, glided through a valley course and eventually parachuted down, covering about 3/4 of a mile (more than a kilometer) in about 30 seconds. The winner: South African Julien Boulle—one of just 20 people currently qualified to compete—who finished in 23.41 sec., a world record.

2010-2011中国最具影响力旅游营销事件获奖榜单

翼装飞行比赛被评为"2012年度全球25项最棒的发明创新之一""2010—2011中国最具影响力旅游营销事件"

2012年年底，美国《时代周刊》在盘点本年度"全球最佳发明创新"的专题中，将首届翼装飞行世锦赛评为"2012年度全球25项最棒的发明创新之一"，这也是唯一在中国境内产生的"发明创新"。正如《时代周刊》的评价："这次比赛是一个前所未有的创新，不仅创造了翼装飞行运动的竞赛方式和规则，也是人类运动史上第一次在空中进行的飞行比赛，足以载入世界体育史册。"

首届翼装飞行世锦赛举办之后，在极限运动界产生了巨大影响，众人期待翼装飞行运动世界级大赛一年一度地举行。从2012年到2019年，天门山景区先后举办了八届翼装飞行世界锦标赛，从最初单一的大回环竞速，逐步演变成"弯道竞速、直线竞速、精准穿靶"三合一的赛制，并且赛事中还贯穿了编队飞行、特技挑战等项目，大赛的竞技难度、飞行路线和对选手的能力挑战每年都有新的变化。翼装飞行世锦赛成为翼装飞行运动在全球影响力最大、竞技水平最高、竞赛组织最严谨专业的赛事。全世界的顶尖翼装飞行运动员不远万里来到天门山，只为在他们心中的"极限运动胜地"实现梦想。

让全世界翼装飞行高手向往的翼装飞行大赛，也成为全球媒体跟踪关注的焦点。每届赛事由湖南经视《直播大事件》栏目联合湖南卫视、天津电视台、北京电视台等20余家电视台及网络媒体进行现场直播，累计超8亿人次通过直播感受到赛事现场的震撼和刺激。除了现场直播，赛事相关电视类新闻报道共计2400多条，平均新闻时长60秒，其中，央视《新闻联播》特别播出，央视新闻频道多次进行活动现场连线以及新闻专题报道；央视体育频道多次进行赛事专题播报，平均时长35分钟；《人民日报》《环球时报》《光明日报》《经济日报》《中国日报》《新京报》等主流报纸多次刊登活动相关图文；百度搜索"天门山翼装飞行"关键词，相关网络新闻搜索结果197万个……除了立足中国深度传播，赛事更是吸引了全球超过100个国家的主流媒体的关注。

天门山翼装飞行精彩一刻 （董兵 / 摄影）

以翼装飞行世锦赛为起点，此后天门山陆续举办了"山地车速降、跑酷、99 弯汽车漂移、高空走扁带、动力伞特技大赛"等系列极限挑战活动。天门山因先进的营销理念、准确的形象定位、优秀的形象策划包装能力、不断创新出奇的活动，成为全国旅游景区中市场营销工作的佼佼者。2012 年，天门山旅游股份有限公司获评"中国杰出营销奖"及"中国旅游创新营销奖"；2020 年，天门山营销创新案例被"清华大学经济管理学院中国工商管理案例库"收录，更是充分体现了天门山事件营销的典型性和代表性。

天门山景区于 2005 年开园纳客，在举办翼装飞行世锦赛之前，景区年接待游客人数从未过百万人次。2012 年，景区年接待游客人数首破 100 万人次大关；2015 年，景区年接待游客人数突破 200 万人次大关；2016 年，景区年接待游客人数突破 300 万人次大关；2019 年景区年接待游客人数再创新高，达 470 余万人次。自 2005 年 9 月开园至今，天门山景区已累计接待游客人数 3000 余万人次。

"大庸有座天门山，离天只有三尺三，坐轿要谢顶，骑马要下鞍"。张家界天门山，从古老民谣中一座遥不可及的神话中的仙山，变成了由一个个创意营销事件的能量汇集而成的"极限运动胜地"。

这就是传奇！

（本文图片由天门山旅游公司及丁云娟提供）

"心"湖发现
及"玩水张家界"热现象

背 景

　　茅岩河旅游区是张家界西线旅游的重点片区，北起桑植县澧源镇、南至永定区枫香岗、东邻武陵源，坐拥"亚洲第一洞"九天洞、"中华第一漂"茅岩河漂流、"百里画廊"茅岩河、贺龙元帅故居等景区景点，是一个集红色景点、溶洞、漂流、古寨、温泉旅游资源的多元聚集区，曾入选潇湘百景，被业界称作张家界旅游品牌的"新明珠"。

　　茅岩河景区早在 20 世纪 80 年代就开始开发，作为张家界"三星拱月"旅游布局中的"西之星"，与以武陵源核心景区为代表的"月"、以天门山景区为代表的"南之星"、以大峡谷景区为代表的"东之星"相比，由于交通不便、产品单一、管理不畅等因素制约，一度被认为是张家界旅游最暗淡的"星星"。与天门山国家森林公园、武陵源核心景区的火爆形势相比，茅岩河旅游宛若萤火之光。茅岩河绝境重生，成为张家界人补齐全域旅游短板的最大愿望。

　　2020 年年初，新冠肺炎疫情全球突发，张家界旅游面临前所未有的困境。业界思考如何突出疫情重围、实现旅游复苏的时刻，一直默默无闻的茅岩河景区管理者更是陷入了沉思，在旅游营销方面从"心"出发……

过 程

　　"世界上不缺少美，而是缺少发现美的眼睛"。与之同理，人间不缺少创意，而是缺少实现创意的能力。张家界茅岩河"心"湖营销事件，实际上就是一个发现美和实现创意的过程。

天上掉下"心"湖

　　如果没有无人机，茅岩河的美永远只能平视；如果没有周建鑫，茅岩河的"心"湖或许一直在沉寂。2020 年 3 月 11 日，张家界导游、航拍爱好者周建鑫与朋友一起

天上掉下"心"湖

到茅岩河景区采风。在拍摄完澧水第一湾、挂壁公路等内容后，当地向导建议他到位于茅岩河廻龙观码头附近上空飞一下，可以拍下林中小湖。

不拍不知道，一拍不得了。周建鑫透过显示器，惊喜地发现在空中看林中小湖像极了一颗爱心，大声喊道"太美了！太美了"，同行的人，也因此兴奋不已。他们向当地了解到，这个湖曾被称为"天使之泪"，与相邻槟榔谷的"天使之城"呼应，三面环山，之前并未有人从高空俯瞰，所以才"尘封"至今。

"湖面不大，但水很绿、很美、很惊艳、很可爱！"周建鑫回家后，就把心形湖泊的照片发到了自己的抖音、微博、朋友圈等新媒体，同行的朋友将其发在了红网、《张家界日报》等媒体上。张家界茅岩河发现"心"湖的消息不胫而走。接下来的事，是周建鑫等没有想到的，他航拍的"心"湖地质奇观第一次在新媒体被广大网友疯狂转发，全国很多主流媒体也纷纷拨通了他的电话，采访、约图蜂拥而来，用自己的镜头去记录它。天上掉下"心"湖，也让饱受疫情打击的张家界茅岩河景区看到了一束光。

全球征"名"起波澜

天上掉下个"心"湖，"心"湖位于茅岩河景区！这一"心"发现，无疑为茅岩河旅游增添了"神来之笔"，找到了最佳宣传点，给整个景区发展注入了强劲的动力。

2020年4月中旬，张家界茅岩河旅游开发股份有限公司在茅岩河景区组织了一次"诸葛亮会"。如何继续发酵宣传"心"湖，如何在做好自然生态保护的同时对湖泊进行规划设计，企业管理者、旅游专家、新闻媒体畅所欲言。会上，除了研究更利于观赏和保护的规划建设方案，张家界本土资深外宣工作者周芦岫、邓道理、吴勇兵等不谋而合，都想到了为"心"湖面向全球天价征名及重奖发现"心"湖第一人周建鑫等创意。

"如何来呈现这个征名活动，我们想了很多点。后来决定，用户外爱好者来表现。"负责营销工作的茅岩河公司总经理助理周富辉表示要借助网络力量，这颗"养在深闺人未识"的"天使之泪"成了网红，这颗心是天然地质奇观，大家都想去探秘。接下来该如何乘势而为，守护好这个"心"，是出给景区的新命题。

对于征名奖金，也有人现场提出要"百万征名"，却被公司董事长朱洪武、总经理祝超文立即否决。在他们看来，征名并不是单纯的炒作宣传，而是为该湖寻一个最能契合景区整体品牌定位和体现茅岩河人文特性的名字。

于是，一切如期上演。2020年4月25日，在位于张家界茅岩河景区内的天坑"心"

湖边的峭壁上，两位户外爱好者索降湖壁，打出"地质奇观，六万征名。"两条红色横幅。茅岩河"心"湖面向全球公开征名的消息一出，响应者云集。短短两个月时间在收到全球41138条来稿的同时，网友们还绞尽脑汁，脑洞大开，献上不少好点子：设计建设与天坑心湖相对应的"空中爱心"玻璃走廊；设计水幕灯光秀，让"心"活起来；特制"心形"迷你吊桶空中取"心"水……

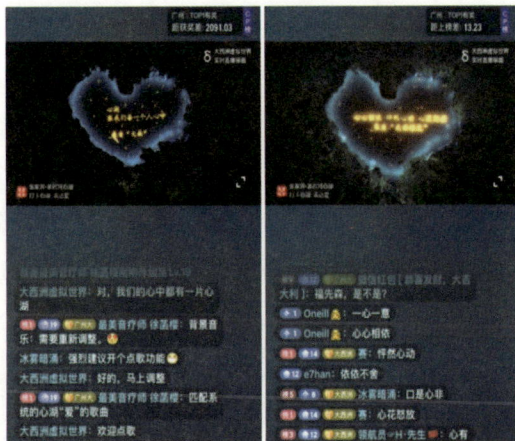

全球征"名"

2020年6月29日，经过专家评委的严格评选，茅岩河景区"心"湖景观"最佳命名奖"1名、"友情入围奖"10名全部出炉。其中"天心湖"为最佳命名作品，作者潘鑫独获奖金6万元；"初心湖、真心坑、镜心湖、沁渊潭、爱心湖、净心潭、天使之心、天心潭、茅坑湖、天心坑"10个征名作品入围，10名作者各获奖金0.2万元。至此，"心"湖征名活动虽告一段落，但"心"湖增名仍在路上。

敞开"心"扉云表白

2021年8月，是张家界旅游历史上最为惨淡的一个月，因为疫情防控阻击战的需要，全市所有景区景点都处于关闭状态，茅岩河景区自然也不例外，不过对外营销却从未停止脚步，"心"湖再次通过网络走向公众视野。

2021年8月14日，农历七月初七，中国传统七夕节的夜晚，皓月当空下的茅岩河"心"湖，静谧中透着几分浪漫。张家界茅岩河旅游开发股份有限公司策划的"心湖直播间"项目正式启动，按照提示保存图片，打开抖音，手机上立即跳出张家界茅岩河"心"湖的实时直播画面。直播间内，不时变换着一些动人心弦的情歌，主播根据在线网友的留言来跟大家进行互动交流。

"众志成城，同心抗疫！""爱从来都可以突破时空，千言万语都赶不上那句'我爱你'。"互动网友们的留言一次次把心湖点亮，而这些暖心的文字也浮动在心湖的中央，闪着金光，十分有趣。直播中，主播还跟网友们玩起了包含"心"字在内的成语接龙，参与热情极高。"有了云表白直播间，喜欢一个人，再也不害怕表白了。""无聊的时候也有个地方倾诉心事，真好！"网友们纷纷为这次特别的直播加油、打气。

据统计，茅岩河敞开"心"扉"云"表白 4 小时的直播收获了好成绩——全场音浪 1.13 万，收获礼物 1103 件，直播观看人数 2013 人，参与评论 705 条。"前沿科技赋能大美心湖，茅岩河上创新爱的表达。"茅岩河公司总经理祝超文介绍，随着"心"湖的发现，超 4 亿流量向茅岩河汇集。目前，公司正在就项目落地与合作方紧锣密鼓地推进。未来，他们将推出全球首个永远在线的"心"——24 小时心湖实景直播，通过 3D 光影秀呈现最浪漫的表白，同时由线上 IP 引流全世界网友来到张家界茅岩河心湖打卡体验。届时，"心湖直播间"还将在抖音商品橱窗推出"心的独白"定制投影秀，下单用户可为指定表达对象定制专属的投影秀，投影秀实时全球直播。此外，直播间还将同步推出"关注并倾听心灵的声音"的公益服务，粉丝可私信心湖账号发送想要倾诉的故事，由心湖主播进行定时口播与互动。

效　果

茅岩河"心"湖的横空出世，是张家界西线旅游产品的新发现；2022 年第三届亚太地质公园周和第 53 个世界地球日科普宣传活动已将"心"湖列入其中；茅岩河"心"湖营销事件的组织实施，则书写着张家界西线旅游宣传的新辉煌，尤其是在全球疫情防控背景下创造了旅游营销界的新纪元。

景区品牌迅速提升。山水洞寨歌，多彩茅岩河。由于张家界国家森林公园光芒太多，茅岩河在"心"湖发现之前知名度一直处于低迷状态。"心"湖红盖头揭开之后，经过一系列大胆策划创意，景区知名度迅速飙升。数据显示，中国新闻网于 2020 年 4 月 25 日在新浪微博开设的 #张家界发现地质奇观天坑心湖# 话题，仅一

山水洞寨歌，多彩茅岩河

茅岩河温泉

个月时间访问量就达到 2.6 亿人次，166 万人次网友在线参与讨论。两年多来，"心"湖先后吸引了中央电视台、新华社、《中国日报》等海内外 300 多家主流媒体聚焦张家界茅岩河。"心"湖在全网爆红，也吸引了不少文人墨客前来礼赞，张家界市政协主席、著名诗人欧阳斌写下了"去看心湖，一颗心被无数颗心惦着，无数颗心被一颗心牵着"的诗句；把张家界写进语文教材的著名作家刘晓平，用"亿万年了，我的一颗爱心，心湖可鉴……"的诗句歌唱"心"湖。2021 年 4 月，张家界茅岩河"心"湖照片迎来高光时刻，与 2021 年全球领导人气候峰会活动报道同框。

景区建设快马加鞭。"心"湖营销为张家界旅游在互联网带来了全球数十亿次的关注度，"西之星"从此冉冉升起不再沉寂。这一事件带来的最大红利是，茅岩河景区得以补齐了张家界"对标提质、旅游强市"战略和"11567"思路成为全域旅游建设"总纲"里最缺的"水文章"。茅岩河景区的提质升级建设快马加鞭，让绿水青山的张家界旅游变得更加强大完整，使张家界全域旅游新格局熠熠生辉。以"心"湖 IP 为切口，茅岩河旅游开发股份有限公司以茅岩河为主轴，鸭坪、温塘小镇、苦竹寨、九天洞、元帅故里为 5 区，以及多个景点的"一轴五区多点"总体布局逐渐铺开。两年多来，茅岩河景区在旅游跨界融合发展上一直不断"尝鲜"，九天洞红军餐厅、《红色桑植》演艺、

茅岩河景区"最大规模的马灯展示"亮相《吉尼斯世界纪录大全 2022》，"马灯"总高 12.82 米，由 1018 盏马灯构成

红军体验园先后建成投入运营；联手茅台镇名酒打造"九天洞藏"，探索酒旅融合，尝试用不同业态产品，去实践旅游跨界融合发展的新模式。探索"旅游＋户外"，建成茅岩河回龙观星空营地，推出"徒步槟榔谷、游览茅岩河"线路；扭住"旅游＋互联网"，围绕"心"湖 IP 不断设计和更新深度产品；不断尝试着打破传统旅游产业的闭环，主动突围，不断拉长产业链，实践"旅游＋"，闯出了一条条旅游发展的新路径。2022 年 1 月 24 日，一座参考"心"湖进行设计心形温泉在茅岩河畔诞生，其主泡池设计面积 1314 平方米，七个梯级环绕的小泡池面积总计 520 平方米，构建了"我爱你，一生一世"的寓意；主泡池旁边的船形的"心湖酒吧"更是现代设计与传统帆船的碰撞，咖啡、奶茶、音乐、烧烤、派对，让人能够彻底在大自然里卸下疲惫……已担任茅岩河公司董事长的祝超文表示，心形温泉让茅岩河景区的旅游产品更加丰富，让张家界西线旅游更好玩，"有看头，也有盼头"！

　　景区效益逐渐回暖。2019 年度张家界旅游接待规模创历史最高水平，茅岩河景区旅游接待人数仅为 24 万人次。2020 年度全球疫情发生后，张家界全市年接待游客量大幅下降，茅岩河景区却因为"心"湖事件实现逆势上扬，"双周市场"和省内市场深受青睐，全年接待人数为 29 万人次，接待人数同比增长 20%；2021 年度，茅岩河全年接待游客人数 30 万人次，同比依然呈现上升趋势，游客接待量和营业收入恢复值均超过张家界全市平均指标。

（本文图片由茅岩河旅游公司提供）

"网游张家界"
及《你莫走》现象

2020年1月8日,国家卫健委专家组确认新冠病毒为疫情病源。2020年1月23日,武汉"封城"。2020年4月8日,武汉"解封"。

在新冠疫情突发的大背景下, 张家界的旅游业遭受重大影响。

1月26日关闭所有文化旅游场所, 完成游客退团4462个、95187人, 退款超1.6亿元。疫情期间, 在全国率先指定酒店接待湖北及相关客人, 创作"艺抗疫情"文艺作品共75部。相继出台《张家界市促进旅游市场全面复苏"310"行动计划》《全市旅游景区有序开放工作方案》《"发放亿元消费券促进文旅大消费"活动方案》等。向163家旅行社退质保金2816万元。开展"银旅合作", 协调10家金融机构与11家企业总体授信141.25亿元。向湖南省文化和旅游厅申请扶持资金28642万元。全市无重大游客投诉、无涉旅的输入性病例、无涉旅负面舆情。

一手抓疫情防控,一手抓旅游业复工复产。除了开展"网游张家界"等系列活动外,市文化旅游广电体育局牵头组织6个旅游营销小分队共103人于2020年5月25日至6月2日共9天分别赴全国17个省（市、区）包括深圳、惠州、珠海、南宁、上海、杭州、南京、厦门、重庆、西安、呼和浩特等20个航点城市。

6个小分队共举办20场张家界旅游推介恳谈会, 走访31家客源地文旅企业。20场张家界旅游推介恳谈会共邀请了14个城市的文旅部门负责人、483家旅行社参加,走访的文旅企业主要有: 广西旅发集团、深圳大视野集团、珠海阳光国际旅行社、陕西携程旅游百事通国际旅行社、山西德祥旅游有限公司、内蒙古中国旅行社、天津携程旅游百事通国际旅行社、厦门航空国际旅行社、康辉国际旅行社、成都百事通总部、重庆锦华国旅。

张家界市文化旅游广电体育局时任党工委书记、局长邓剑冒着风险率队赴广东、

《你莫走》山野民谣原创者：
张家界山水组合

广西进行宣传促销，他与客源地旅行商代表进行坦诚、友好交流，受到普遍欢迎；作为"2020 年全国第一支跨省的旅游营销队伍"，张家界"敢为天下先"的"破冰营销行动"具有特殊意义。

过 程

2020 年 2 月 21 日，张家界市以网宣张家界、网播张家界、网购张家界为主要内容的"网游张家界"创意营销活动在全国率先拉开帷幕。活动至 6 月 30 日结束，历时 4 月有余，内容丰富，亮点突出，形成了全媒体推广、全链条营销的旅游营销模式，带动全社会参与宣传营销张家界的热潮。活动营销主要过程为：

"网游张家界"话题全媒体推广

根据《张家界市促进旅游市场全面复苏"310"行动计划》启动旅游市场"十项措施"、旅游行业苦练内功"十项要求"，在做好疫情防控的前提下，通过张家界旅游官方公众号、"仙境张家界"英文网站、抖音、快手、携程等网络新媒体平台，发起"网游张家界"话题，开设"网游张家界"直播，举办"网游张家界"短视频大赛等活动，全方位宣传推广张家界。张家界市各主流媒体开辟"网游张家界"专栏，不断推送旅游资源、文化旅游体育活动、旅游服务等旅游信息；"每日一景"专栏围绕"好山好水好空气 世界共享张家界""清新张家界请您来洗肺"等主题，宣推旅游景区景点、民俗风情等，人民网、学习强国、Facebook 新湖南、红网、张家界旅游官方公众号、

"网游张家界"活动启动仪式

掌上张家界、爱视网、携程等多平台进行转推；同时，张家界自媒体等社会大众力量，积极参与宣传营销张家界，让广大游客宅在家中也能第一时间了解张家界的旅游情况，欣赏张家界的绝美风光。

"网播张家界"全社会参与

设立"张家界旅游网红"直播间，组织"张家界旅游网红"、导游直播团队，到张家界主要景区等接待一线开展现场讲解，直播推介旅游信息资讯、景区连线、旅游线路等，助力张家界旅游宣传营销；1225 名导游"网导张家界"，拍摄剪辑张家界风光、

民俗、文化等多方面题材的短视频，参与"好山好水张家界"话题发布作品 1653 个，话题播放量达 2280.7 万次，掀起全员营销张家界的热潮；自媒体等大众媒体共发布 2.3 万个短视频来参与"抖音张家界嗨动全世界"话题比赛，宣推张家界的风景人文之美；张家界旅游网红直播团队打卡 11 站，主播们分别走进天门山、大峡谷、玻璃桥、宝峰湖、茅岩河、五雷山、杨家界、天子山、金鞭溪等各大景区，进行实况直播与推介。

山水组合歌唱《你莫走》

2020 年 3 月初，加入"网游张家界"直播团队的张家界山水组合许勇、舒维作词作曲的原创山野民谣《你莫走》，首次以吉他弹唱的方式在短视频平台出现；4 月 29 日，《你莫走》正式版全网上线，通过抖音、快手等短视频平台发布的翻唱作品突破百万个。在此过程中，张家界自然风光、人文景观与山水组合一同爆红网络。

周建鑫意外发现茅岩河景区"天坑心湖"这一地质奇观，并在个人抖音账号"张家界周建鑫航拍"上，首次发布茅岩河"心"湖航拍视频，迅速成为网络热点话题，随后新华社引用周建鑫航拍视频发表题为《美！湖南张家界有个心形湖泊，当地人叫它"天使之泪"》的客户端视频，被各大媒体争相转载。8 月 15 日上午，以"仙境张家界 惊艳全世界"为主题的张家界市第二届网红直播旅游节在张家界茅岩河景区九天洞广场启幕，以七大主题活动强势掀起全网旅游直播新热潮，当日，为期三天的虎

美丽中华行 网播张家界

张家界最美冬季登录学习强国平台

牙《合租大富翁》直播茅岩河景区活动同步启动，广大网友通过虎牙直播等平台观看《合租大富翁》直播茅岩河景区的精彩内容，参与千名旅游网红免费培训活动，通过抖音参与"都来仙境张家界"话题花式打卡张家界，参与相关的抖音短视频大赛、《你莫走》翻唱大赛等活动。

在张家界网络直播活动中，张家界（国际）旅游营销智库"专家话旅游"网络直播系列活动是最特殊的一例。3月10日，"专家话旅游"系列网络直播活动于张家界国家森林公园黄石寨景区启动，至6月28日结束，为期3个多月，共举办12场，相继在宝峰湖景区、《阿凡达》

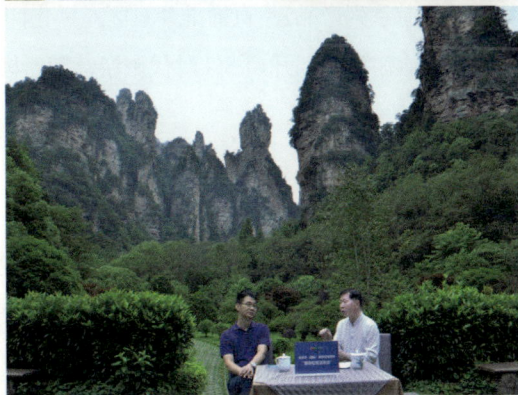

旅游营销智库"专家话旅游"网络直播

悬浮山取景地、天子山风景区、张家界大峡谷景区、张家界江垭温泉度假村、天门山国家森林公园、杨家界风景区、红色革命根据地——桑植刘家坪白族乡、张家界国家森林公园老磨湾、中国民间文化艺术之乡——罗水乡、张家界茅岩河等景点实景对话。对话嘉宾包含专家学者、政府官员、企业管理者等，对话主题结合近年来张家界文旅行业的焦点、热点问题，独特的创意、全新的视角、既有对历史的反观，也有对现实的思考、更有对未来的启迪，是一场又一场思想盛宴。

"网购张家界"开启全新旅游营销模式

5月17日，"网游网购张家界　助力经济大发展"活动启动。在启动仪式上，张家界市人民政府时任副市长的欧阳斌首次走进直播间与著名主持人一同宣传张家界旅游，同时，张家界两区两县的区、县长们还进行了直播带货PK赛，该项活动也是张家界首次举行的高规格、大规模"旅游＋农产品"直播带货活动；众多明星主播也一同走进直播间为张家界带货；6月14日，在淘宝App飞猪旅行官方号的张家界专场直播间里，以武陵源核心景区水绕四门的张家界峰林奇观为背景，张家界市文旅广体局时任副局长曾韦栋、市商务局时任副局长周高做客直播间，通过对话、互动、体验等方式，全景推介张家界旅游，为张家界农副产品带货，当日，直播间里，超值折扣、限时秒杀等活动引来一众网友热情参与；张家界十大主题旅游、五条精品旅游线路、民宿等旅游产品，莓茶、腊肉、剁辣椒等农副产品的展示和推介，不少网友表示要来张家界好好体验一次。在直播电商、短视频营销的电商主流形态下，张家界星途云、五六七、时光等一批旅游直播企业应运而生，培训了近千名旅游直播学员，整合淘宝、支付宝等阿里经济体资源（涵盖机票、酒店、用车、跟团游、自由行、门票、周边游等全域旅游系列产品），直播推介景区、销售门票、产品线路、农副产品等，将粉丝流量转化为旅游流量，开启 5G 时代旅游营销新模式，有力促进张家界文旅复苏。

效　果

自"网游张家界"系列活动开展以来，产生了巨大的品牌效应。当年张家界的旅游市场恢复到 2019 年的 70% 以上，成为全国同类山岳型景区旅游恢复进度最快的地区。联合国世界旅游组织旅游可持续发展中国观测点授予张家界"最佳营销创新案例奖"。

品牌效应不断扩大。抖音平台"抖音张家界，嗨动全世界""好山好水张家界"话题播放量达 7.9 亿，"云上中国张家界"微视频登上纽约时报广场中国屏持续一周；新华社、新华网、《中国日报》、中新视频、新华视频及《人民日报》、腾讯视频多次宣传张家界；"每日一景"专栏共刊发 84 期，其中，有 46 篇被人民日报客户端选用；有关"张家界太极村"的报道在"发展中国"脸书平台获 194 万点赞；张家界茅岩河景区悬赏

张家界登陆纽约时代广场

抖音平台宣传张家界

网红团队直播宣传张家界

6 万元为天坑"心"湖征名共吸引 4 亿人关注，产生了 2.4 亿点击量。

聚合效应不断放大。培养了一支 30 人组成的以张家界本土主播为主的张家界旅游网红直播团队，共开展直播活动 156 次，直播时长 420 小时 58 分钟，累计观看人数 26783523 人次。其中，山水组合原创山野民谣《你莫走》全网播放量达 100 亿次以上，成就张家界文化现象级传播；"智库专家话旅游"系列网络直播活动开展 12 场，网络在线观看人数超过 200 万，直播话题编印成《云端上的对话》，国家、省、市有关部门予以充分肯定。

经济效益不断攀升。在"网游网购张家界　助力经济大发展"活动启动仪式上，张家界政府官员与活动主持人一同在专场直播间直播带货，据初步统计，该项活动有效成交额突破 200 万元。在淘宝 App 飞猪旅行官方号的张家界专场直播间里，在线最多人数达 8000 余人，浏览人数突破 47 万人次，据不完全统计，通过直播间推出的包含武陵源、天门山、大峡谷、宝峰湖、黄龙洞、茅岩河、冰雪大世界等景区在内的张家界五条精品旅游线路产品成交 175 笔，产生旅游消费 157.5 万元，农副产品共计成交 27 万余元。据有关数据统计，2020 年，张家界共接待旅游总人数 4949.21 万人次，实现旅游收入 568.95 亿元。

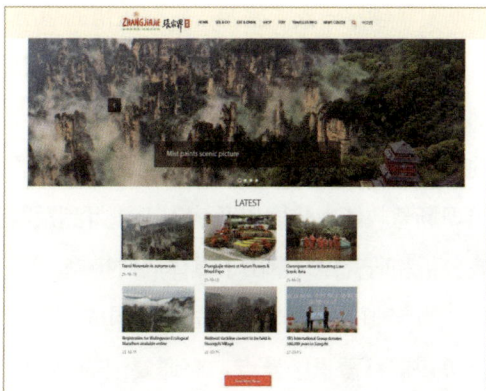

英文网站宣传

"网游张家界"活动方案通知

"旅游医生"
彰显张家界美誉度

背 景

2016 年，一名游客在张家界某景区游览时，不幸突发心脏骤停，由于患者身处高山峻岭，并且现场工作人员不具备急救技能，待"120"急救人员乘坐索道缆车赶到现场后，这名游客早已没有了生命体征。就是这件事，在深深刺痛医务人员内心的同时，也萌发了创建一支"旅游医生"队伍的想法。

为了做好"旅游医生"成立前的各项准备工作。2017 年，张家界市人民医院组织部分人员对全市 1 家"120"紧急救援中心、3 家医院及 4 家景区开展了为期 1 个多月的走访调研，并对收集掌握到的游客安全意识不强，景区医疗资源匮乏，景区工作人员现场急救能力较弱以及病人无法得到及时救助或错过最佳救治时机等问题进行了认真分析和研究，并拿出了具体应对措施。

当年 10 月，该院率先在全国成立首支"旅游医生"志愿服务队，并主动将医疗关口前移至景区景点、交通要道等场所，采取"定点医疗、流动医疗、随机医疗"运行模式，实施"一站多点、一点多路、一呼多应"服务举措，巡线在峡谷峰林之间及游客聚集处，全力守护重要节假日、文体赛事、大型会展等客流高峰时期游客出行的健康安全。

过 程

做好病种摸排，配齐医疗队员

为了在疾病处置上更具针对性，"旅游医生"搭配上要更具合理性。创建初期，市人民医院结合山岳型景区、个性化景区、热门化景区自身特点及当地气候环境、出游人员层次结构，对往年游客在各大景区易出现的伤情及医院就诊病例进行了全面系统的摸排和数据分析，并收集整理出了 9 种类型"病谱"。同时根据这些疾病，针对性地

2017 年五一假期，"旅游医生"现场处置伤口

为每个医疗小组配备了相应的医务人员担任"旅游医生"。6 年来，先后从临床一线征调 941 名医务人员，组成 273 支"旅游医生"志愿服务医疗小组。

搞好综合培训，锻造全能型队伍

一是培养"旅游医生"队伍。为了培养全能型"旅游医生"队伍，市人民医院每年至少集中组织 2 次急救技能及导游知识培训，使每名队员既能轻松应对各类伤情，又能临时充当景区导游员、安全员角色，为游客提供各类线路导引及健康知识推广。2018 年 10 月 1 日在张家界国家森林公园景区金鞭溪某景点，一名儿童在溪边玩耍时，不慎滑倒导致额头受伤，从事护理工作的"旅游医生"卓立华，凭借多年临床救治经验，迅速对其进行包扎处理，连忙开启绿色救治通道，第一时间转往医院做后续治疗。

二是培养"涉旅人员现场急救"队伍。为了全方位、全周期做好游客出行安全保障，除了客流高峰时期组织专业"旅游医生"进山进点服务外，结合实际情况加大了涉旅人员的现场急救培训力度，从而提升他们的急救意识和技能。6 年来，先后组织近 200 名医务人员，深入景区开展"千名导游学急救、备战十一黄金周""我为游客学急救"等急救技能培训 10 余场，受益人员达上万人。其中 2 名受训导游员在带团过程中，利用所掌握的急救技能，成功挽救 2 名心脏骤停游客的生命。

三是培养语言沟通能力。新冠肺炎疫情发生之前，张家界每年接待境外游客人数百万人次，覆盖了全球上百个国家和地区。为提升突发现场的语言沟通能力，医院专门邀请大学外教，对"旅游医生"志愿者们，有针对性地开展了英语、韩语、法语等多语种语言集训班，快速提升外语沟通能力。同时，编写了《旅游医生中英文服务手册》，免费发放到境外游客手中。2018 年"旅游医生"志愿者田懿，在为一名德国游客提供现场医疗求助服务后，由于专业技术过硬和语言沟通流畅，深受这名游客的好评。

做好物资供给保障

为加强"旅游医生"管理，规范服务形象，专门设计制作了"旅游医生"队旗、形象宣传海报；规范了服务宣讲词；统一配置了队服、各类标识、喊话器、急救包（箱）、急救药品等物资；开通了"旅游医生"服务救助热线。另外，每年定期举行"旅游医生"出征仪式及总结表彰大会，增强了参与人员的工作热情和责任感。

多措并举，全力守护游客安全

一是推行"旅游医生"3+3 服务模式。在游客聚集处、地势环境险要处、赛事活动关键处等地，采取定点医疗 + 流动医疗 + 随机医疗，实施一站多点、一点多路、一呼多应相结合服务模式，巡线在每个点位上，充分保障游客出行安全。

2018 年，一名德国籍老年游客在武陵源核心景区某景点不慎摔伤头部后，"旅游医生"流动医疗组迅速将情况报告给指挥部，并与时刻待命的"随机医疗组"第一时间取得联系，做好急救转运准备。同时与景区相关部门开启下山绿色通道。由于救助、治疗及时，受到了国际卫生组织的高度好评。

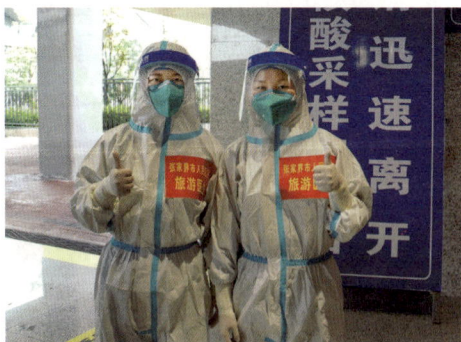
2022 年五一假期，"旅游医生"进驻机场、铁路，免费为游客提供核酸检测服务

同时，旅游医生积极参与"翼装飞行世锦赛""自行车越野赛""高空走钢丝挑战赛"等重大赛事医疗保障近 160 场次，全力做好当地文体赛事旅游营销的安全保障。

二是救援通道开绿灯。在游客出现伤情后，按照就近原则，医疗小组第一时间抵达现场处理，现场处理不了的伤情，会同景区、医院紧急启动绿色救援通道，确保游客第一时间入院治疗。2021 年 5 月 1 日，一名天津籍老年游客在张家界森林公园景区某景点游玩过程中，突发心脏疾病，一度出现头晕呕吐、高烧、心律过快等不适症状。巡线"旅游医生"杨桂花等人收到求助讯息后，带领 6 名队员火速赶往求救点。现场紧急处理，使病情得到有效缓解后，出于安全考虑，"旅游医生"团队立即同景区、医院启动绿色应急救助预案，全程护送患者转运至院内做进一步治疗。事后游客老伴表示："一路过来全程救治，全程护送，还不断做我们的安抚工作。张家界景色不仅漂亮，人性化服务也做得特别到位。" 6 年来，累计为游客紧急开通绿色救治通道 71 起。

2018 年国庆假期，旅游医生现场为膝关节不适游客治疗

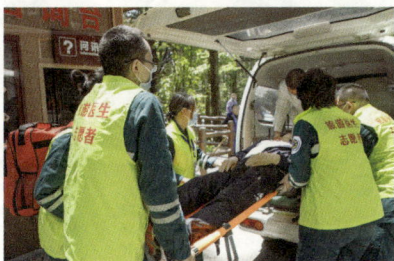

2021 年 5 月 1 日，一位天津 6 旬游客在张家界森林公园琵琶溪景点游玩时，突发心脏疾病。在此进行医疗巡线的"旅游医生"志愿服务小分队在现场紧急救助后将这名游客火速转运下山送医接受治疗

三是游客就医设专站。针对游客自行入院就医现象，医院在两大院区门、急诊、感染科，分别开设"游客就医服务站""涉旅人员核酸检测专用通道"快速引导就医就诊，最大程度压缩游客及涉旅从业人员等候时间。

四是开展游客疫情排查。自疫情发生至今，为了推动当地旅游复苏，把好游客出入关。医院先后安排多轮、多批次"旅游医生"队员长期驻扎机场、铁路等相关交通要道，大力开展疫情排查。两年多来，累计为游客开展各项疫情排查超 15 万人次。

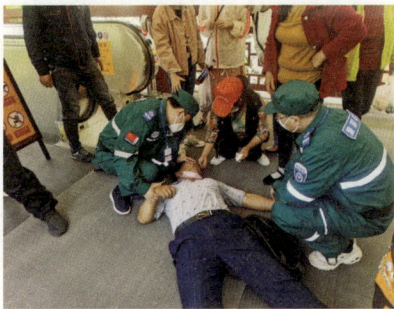

2022 年 5 月 3 日，在天门山景区一名游客突发癫痫，"旅游医生"及时救助后转危为安

同时，为了做好滞留游客的疫情排查及医疗服务工作，2021 年 8 月，医院第一时间成立了 2 支旅游医生"流动核酸采样检测队"和 2 支"医疗巡诊队"，深入游客居住酒店及隔离点，免费为游客提供多轮上门核酸采样和医疗服务，服务人数近 5 万人次。

五是创新推出全国首张《旅游健康地图》。2022 年五一假期，医院根据往年服务经验，在游客出现意外伤病，又无法准确描述具体位置，延误救治时机这一现象。"旅

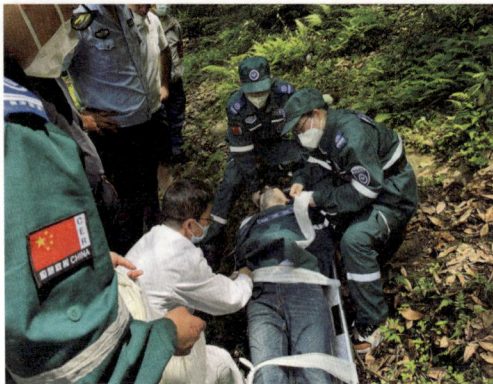

2022年5月3日，在张家界金鞭溪跳鱼潭景点一名法国籍游客不慎受伤，"旅游医生"全程救治和护送

游医生"们将景区景点游览线路图和健康服务点所在位置进行完美融合，创新推出全国首张二合一《旅游健康地图》，深受游客好评。5月3日，一名法国籍游客在张家界森林公园金鞭溪跳鱼潭景点受伤后，同伴按照地图所示，第一时间联系到了就近的健康服务点，仅20分钟左右"旅游医生"张志猛等人就赶到了现场，并快速进行了现场救治和紧急转运。同样在当天，在天门山景区天门洞景点附近，一名儿童不小心剐伤嘴唇，定点"旅游医生"医疗队员火速进行处置，缓解了父母焦急的心情。据统计，整个假期，10名有需求的游客通过《旅游健康地图》第一时间找到就近健康服务点并及时得到救治。

效　果

通过景区景点、院内院外有效联动，整体部署，旅游医生运行6年来，参与服务人员由成立之初的36人发展壮大到575人。累计为国内外来张家界游客提供健康咨询、医疗救助、疫情防控排查等各项医疗服务20多万人次，紧急开通绿色救治通道71起。

自"旅游医生"诞生以来，先后受到国家、省、市主流媒体及知名网站近百次的突出报道，其传播量达数亿人次。《人民日报》《湖南日报》、湖南卫视等相关主流媒体，先后以题为《张家界景区有了旅游医生》《张家界旅游医生守护游客安全》《张家界400名旅游医生保障游客健康出行》《张家界旅游医生张伟》等进行了系列追踪报道。

特别是在2021年5月3日，"旅游医生"范晓明，在天门山景区999级阶梯处，冒着雨天浓雾、路面湿滑风险，背受伤游客下山视频被流传出来后，一时间内受到了新华社、《人民日报》、中央电视台、《中国日报》、光明网、中国青年网、湖南卫视、北京卫视、《潇湘晨报》、抖音、搜狐等国内数十家主流媒体及知名网站相继报道。而中央电视台更是在多频道、多时段滚动播出。他的暖心举动几乎刷爆网络，好评留言

2021 年 5 月 3 日，湖南省张家界市人民医院"旅游医生"志愿者范晓明等人在担任天门山景区医疗巡线任务时，发现一上海游客因雨天路滑，不慎摔伤骨折，无法行走。小分队成员紧急将这位游客从 999 级台阶背下山送医救治。《人民日报》、中央电视台等主流媒体对其报道后，获得社会广泛赞誉

达数千条。广大网友在感动落泪的同时，纷纷留言表示"一个背影彰显人间大爱""下次一定去张家界旅游"。同时，第一时间冲上微博热搜，阿里巴巴、《潇湘晨报》联合授予"天天正能量特别奖"，奖励"正能量"奖金 5000 元；他的所作所为充分彰显了医者仁心，服务于民的党员风采。

游客的满意就是最大的满意。杭州游客倪先生说："游客是流动的，这里地势险要，山高路远，以'旅游医生'服务流动游客，在处置游客意外伤上针对性、机动性、优越性都更强，应该说是当地医疗服务旅游的一大特色和创新举措，这种服务形式很温暖，全国少见！"

德国游客尼克表示："我认为'旅游医生'这个团队是一个很好的主意，如果有人感到身体不舒服，他们可以帮助到我们。"

天津游客高女士称："张家界'旅游医生'值得推广！非常棒！"

此外，张家界"旅游医生"先后获评中国医疗品牌建设"最具创意奖"、湖南省景区救助"最佳实践奖"、2021 年入选全国"四个 100"学雷锋志愿服务项目等荣誉称号。

（本文图片、文字资料由张家界市人民医院与朱铁华提供）

张家界召开"旅游医生"专题研讨会
助力首届湖南旅发会

7月28日，由张家界市委宣传部、市直机关工委、市卫健委、市文旅广体局指导，市人民医院、市文化旅游智库研究院联合主办的"党建引领助力旅发会、携手共创全国文明城——'旅游医生'"专题研讨会在市人民医院召开。市直相关单位负责人，旅游、医疗界专家学者及"旅游医生"志愿者代表近200人参加此次研讨会。

研讨会上，各市直相关单位负责人、专家学者及"旅游医生"志愿者分别从不同层面、不同角度，就如何发挥党建引领示范作用，共同助力旅发会和全国文明城市创建。怎样加强旅游与医疗深度融合，塑造充满人性光芒的品牌形象。就如何创新思维，拓展服务空间，顺应市场发展需求等话题展开研讨。

市委宣传部副部长孙鹏表示，"旅游医生"志愿服务项目是全市"四季同行·雷锋家乡学雷锋"主题系列活动的主打品牌，在全省乃至全国具有一定的影响力。应继续发挥行业优势，不断壮大队伍，健全各项管理服务体系，用志愿服务精神守护每名游客出行安全，让"旅游医生"成为张家界的一道文明风景线。

市直机关工委副书记张海峰认为，"旅游医生"是贯彻落实市委党建工作要求，大力开展"四看四比四提升"主题活动，努力形成一个单位一品牌、一个支部一特色的具体体现。希望这群旅游卫士、移动堡垒、美丽风景，继续拓宽视野，创新举措，健全机制，擦亮品牌，让"旅游医生"成为游客心中永恒的风景。

"我认为'旅游医生'是贯彻落实'健康中国'国家战略的具体行动，是对提高游客满意度、优化旅游服务，创新践行'全域旅游'战略具有重要的创新示范作用。更是对景区管理，世界一流旅游目的地建设超前识变，积极应变、主动求变的应答。"吉首大学旅游学院副院长（教授）、市文化旅游智库研究院专家粟娟表示，旅游主管部门、旅游景区、医院应加强交流联动，携手创新机制与管理方式，共同促进旅游行业合作发展观。

"山水、城市与人构成了风景，而'旅游医生'是人的风景。"吉首大学原副校级督学、市文化旅游智库研究院专家田贵君，结合自己长期从事旅游开发、管理与研究的角度上，对"旅游医生"审美、心理、社会等多方面提出了相关见解。并就现场志愿者提出的如何应对新型市场发展需求、老年游客团随行配医问题，他指出，可以做一些探索与尝试，一方面，与旅游部门合作，大力培养一支导游员现场应急救助队伍；另一方面，进一步挖掘现有医疗资源，让市场问题以市场方式解决。

作为本次研讨会主持人的刘云同样表示，"旅游医生"是张家界市旅游融合发展的重要标志之一，充分体现了医疗

"旅游医生"专题对话研讨

战线服务游客、服务旅游业的大局意识，是担当，也是奉献。从旅游营销角度上看，有润物细无声、潜移默化地将旅游目的地形象植入广大游客心灵深处的作用，并扩大了张家界的美誉度及影响力。同时，也彰显了市人民医院全体医护人员高尚的职业道德与文明风尚。

"本次研讨会是我院创建全国首支'旅游医生'志愿服务项目6年来，首次举行的旅游与医疗融合会、交流会，这对我们在以后的工作中更好发挥行业优势，更好服务广大游客、服务首届湖南旅发会具有很强的借鉴性、指导性和推动性。"张家界市人民医院院长姚媛贞说，下一步，医院将会以此次会议为契机，不断总结经验，查找不足，健全机制，继续创新服务形式和服务内容，力争将"旅游医生"项目打造成为保障广大游客"健康游""安全游"的全国典范。

此外，张家界市人民医院党委书记陈明在研讨会上表示，为进一步坚持和突出党建引领，用高质量医疗服务首届旅发大会，共创全国文明城市，医院正在与华中科技大学附属同济医院、湘雅二医院等上级医院积极接洽，并在建设院士工作站、国家重点学科、重点实验室等重要领域展开深度战略合作，进一步提升医疗、科研、医学教育水平，打破张家界医疗领域，"学科建设缺乏奇峰秀水"的局面。

据悉，张家界市人民医院自2017年成立全国首支"旅游医生"志愿服务项目以来，累计为游客提供常态化疫情防控排查32.5万人次，免费核酸采检21.1万人次，开展健康咨询及现场救助3.2万人次，发放健康宣传资料2.3万份，深受国内外游客及各级政府好评与肯定。这一举措，也将继续完善并运用到下一步旅发大会的医疗保障工作中。

（本文作者：朱铁华、卓立华、刘云，转自2022年7月29日人民网—湖南频道）

张家界"空气"
叫响大上海

2010 年，第 41 届世界博览会湖南活动周张家界城市日这一天，时任张家界市市长赵小明站在上海世博园宝钢大舞台上，向全世界展示了从天子山、宝峰湖、十里画廊、金鞭溪、袁家界、天门山六大核心景区景点采集的空气，他自信满满地宣称，张家界的空气每立方厘米拥有 10 万个负氧离子，每一口空气价值 5 美元！并将 6 个特制的空气罐头赠送给了中国国家馆和五大洲的代表性国家展馆。次日，世界各国媒体集中报道，一时间，"天价空气""空气罐头"成为流行语。

"张家界每一口空气价值 5 美元"这句广告词并非赵小明市长原创，而是出自时任美国科罗拉多州副州长的南希·迪克女士之口。1986 年，南希·迪克慕名前来张家界国家森林公园考察，当她徜徉在素有"世界最美峡谷"之称的金鞭溪时，觉得这里的空气特别清新，呼吸起来特别舒畅，一种心旷神怡之感油然而生，情不自禁地对陪同她的中国官员大声惊叹道："在张家界，每呼吸一次空气，应付 5 美元！"南希·迪克的这一声赞美，通过新闻媒体，通过导游宣传，让全世界都知道了"张家界的空气是多么值钱"。

张家界的空气这么值钱的原因无他，就是空气中的负氧离子含量超高。空气中的负氧离子就如同阳光一样，是人类必不可少的物质。一般而言，一个人每天需要约 130 亿个负氧离子，负氧离子供应不足时，将会给人体带来不适，甚至诱发多种疾病。

负氧离子在医学界素有"环境警察""空气维生素""大气长寿素"三大美名，人类须臾不可或缺。但是，负氧离子也有其"致命缺陷"，那就是其寿命很短，在清洁的

黄石寨揽胜

（宋国庆／摄影）

空气中只能存活几分钟，而在污浊的环境里只能存活几秒钟，甚至更短。在旷野、海滨、山村、瀑布、喷泉等地，由于气压低，灰尘少，温度高，空气中电离出的负氧离子多，其寿命可达到 20 多分钟；而在城市，特别是工矿区，人口密集，烟囱林立，烟尘剧增，再加上汽车排出的废气，空气被污染，负氧离子数量大大减少。有数据显示，城市负氧离子浓度在部分绿化较好的小区为 400 个 / 立方厘米左右，城市房间里在 100 个 / 立方厘米左右，楼宇办公室里的浓度甚至低到 40 ～ 50 个 / 立方厘米。很多都市白领工作一天之后感到头昏脑涨，就与空气不够"营养"有一定关系。因此，人们应当经常打开窗户通风换气，空气流通有利于增加负氧离子含量。久居闹市区的居民应该经常到郊区田野、海滨、森林公园去，特别是到有瀑布流泉飞溅的风景区进行"空气浴"，这样有利于人体的身心健康。

效 果

张家界市森林覆盖率达 68%，远超湖南省 56.4%、全国 20%、全世界 34% 的平均水平，核心景区的森林覆盖率更是高达 98%，这儿的空气就如它的水一般，澄净、清透，每立方厘米空气中有 8 万 ~12 万个负氧离子，是一般城市的 20 倍到 100 倍，

天然氧吧——金鞭溪

空气妹妹在十里画廊

形成了一个超级大氧吧，每呼吸一口，都无比地沁人心脾。英国著名学者、地质学家西蒙·温彻斯特，参观考察张家界以后，在《纽约时报》等欧美重要媒体和《参考消息》等中国主流媒体上发表了《张家界武陵源像长城一样伟大》的震撼性文章，并指出"张家界的重要性，在于它拥有全中国绝无仅有的、纯净的空气"。

赵小明市长在世博会"送空气"是张家界人一次颇具创意的行为艺术。"天价空气""空气罐头"声名远扬之后，活动策划人坦承，这只是一个营销概念，其目的是推介张家界景区，而非一种实体商品。而我则希望"张家界牌"空气罐头作为一种有趣的特色旅游商品，早日投入量产，早日推向市场。我相信，在人类越来越重视空气质量的时代，张家界无比纯净的空气一定会畅销全世界。

时任张家界市市长赵小明先生（右二）现场接受采访

获赠"张家界空气瓶"的波兰国家馆代表接受媒体的采访

"导游万里行"，
让导游成为美的传播者

　　导游是旅游过程中"六要素"的组织与实施者，是一个旅游目的地的形象代表。2002年10月2日，时任中共张家界市委书记、市旅游工作委员会主任刘力伟主持召开了市旅游工作委员会全体会议。他在会议中明确提出："成立导游协会，实行行业自律，并由导游协会组织一次规模性活动，树立导游良好形象。"

　　根据市旅游工作委员会安排，市旅游局决定由刘云负责牵头，并与资深导游员李平等人发起并开展导游协会组织筹备工作。2002年12月28日，张家界市导游协会第一次会员代表大会召开。大会选举产生了会长1名，副会长8名，秘书长1名，常务理事22名，并通过了《张家界市导游协会章程》。优秀导游员李平当选为会长，刘云当选为秘书长。此外，由张家界市旅游局、张家界国家森林公园管理处主办，黄石寨客运索道公司、市导游员协会承办的首届"黄石寨索道杯"导游风采大奖赛暨首届张家界旅游形象大使选拔赛成功举行。经过"我爱张家界"主题演讲、抽签答题、才艺展示三轮比拼，有周文艺、李帆、杨凯、李平等十位优秀导游脱颖而出成为十佳导游与首届"张家界市旅游形象大使"。时任市委常委、市旅工委常务副主任朱国军参加活动后指出："导游的素质对于进一步推动我市的旅游事业来说起着至关重要的作用。作为一名导游员，不仅要有漂亮的外表，更要有美丽的心灵；不仅要有动人的微笑，更要有个性化的服务；不仅是一个幽默大师，更要使自己成为一本百科全书；不仅是一个形象大使，更重要的是一个美的传播机。"据了解，2002年全市拥有国证导游员1683名。活动组织委员会还决定选派10位旅游形象大使赴广东省广州市、中山市、深圳市代表张家界进行旅游促销活动。

　　"江山美不美，全靠导游一张嘴"。从台湾来到张家界创业并兴建黄石寨客运索道公司的张辅仁先生，他以感恩的心态对待导游员，对于独家冠名并资助导游大奖赛活

D叠 广州杂志 商旅时代 南方都市报

星期一　2003年1月20日　D65版　广州专刊部编　电话：(020) 87366160　传真：87398106　责任编辑：陈怡　版式设计：书红

德国将瓜分日、澳客源

详见D66、D67版

土家妹
亮出导游品牌

日前，湖南张家界旅游局在广州的上下九商业步行街开始了他们"全国导游万里行"第一站的活动。

老外忍不住也来凑热闹。

宣传张家界旅游仍是首要任务。

热心的小朋友也来签名。

张家界来的土家妹子在"导游万里行"第一站就先亮开了金嗓子。

天天都有新发现

最近张家界旅游局带了一帮土家妹子来广州学习，顺便把宣传张家界旅游、这样的活动给广州的旅游界带来了不小的震动，但是张家界旅游局向埠外学习，时常带导游的一个要求来例是很有意思，要求导游们"天天都有新发现"，意思是要他们不期待先看各个旅游景点的变化，而是保持所有的发现。

很多人对"天天都有新发现"可能都怀着两种比较极端的意见，一种认为生活里不可能天天都有新发现，这样狭隘；另一种认为这丧失对新奇的一种关键是看时对发现抱有一种什么样的态度。

比如德国游对于世界的新闻事件，很多媒体都有报道，但是有些时候这次的新把的焦点在全的重点就在读者普通是怎么处心的德国游是否愿意成欧洲游的关键上，只要是细心的读者意思都意识到然只游一个德国可能不过瘾，但是时一个古老又年轻的国家进行深度旅游还是有很多好处的，有时候走马观花得太匆忙，来不发发现就已经匆匆离去，能留下也就只有更多遗憾，从容地上，总的说来发现寡于一切，就能真普通的旅游乐趣也是来源于发现的。想来在2003年，喜欢旅游和关注商旅时代的朋友会在版面上发愁始者到一份我们的新发现，也希望大家的新发现能够对时刻激我们发现的热情。

当然也不是所有的发现都是可喜事的，初还发现有人买本人的名字都不想干却不忘公光明的事情说有点吵声一脚之嫌，未来际怖一段之夯已经往在点头里处允受悟某名之案。甚至连果到本年问的另一个陌街的偏成成了霜小息，但是现在这些都不嗨有人发发现了名字打算去的办法来建设张家界的导游品牌，我们要去遍全国一百个城市，走一万里路，树立张家界"山水水美人更美"的

面对记者"是不是为了炒作"的发问，于国鑫只是强调：全国都开始重视导游队伍的建设，我们只是想到这个办法来建设张家界的导游品牌，我们要去遍全国一百个城市，走一万里路，树立张家界"山水美人更美"的

也有人操起流利的英语和路过的外国朋友对话。

在这个什么都讲炒作的年代，别说导游万里行，就是旅游局长万里行大家都信。没想到张家界的旅游局长真的来了，这位名叫于国鑫的湘西四少带头出场到了队伍的最前面，领着十名张家界的导游代表，面对上下九那挤攘着的人群，居然在那里握紧拳头说着："我热爱导游，像热爱我的生命和亲眼……"

发、交通住宿等硬件环境。如今，他们认为，导游是一个旅游景区的门面，是灵魂，他们成立了导游协会，并在去年底评选出了张家界的十佳导游。

于国鑫的话经得，在过去的一段时间里，导游的口碑一直很有争议，私下不用店、导游证过期，不挂牌上岗、金回一知半解或者根本不懂的。而目前，全国都在重视导游队伍的建设，审查制度、资格考试、导游风采意……导游是一个旅游地的形象代表，中国快速发展的旅游业，需要有高素质的导游于国鑫手下的这十名导游果然不是花瓶，在上下九的现场，他们阻碍了破

《南方都市报》重点推介张家界导游万里行

导游在深圳向广大游客宣誓

《中国旅游报》突出报道

动与成立市导游员协会则是义不容辞。此外，时任张家界森林公园管理处处长陈初毅早在 2002 年 11 月 25 日召开处长常务会议，并将导游风采大奖赛暨张家界市旅游形象大使选拔赛活动纳入议题，还特别邀请刘云同志参加会议。经过研究的决定支持活动开展，并提供专项活动经费予以保障。

外树形象，内强素质。张家界市导游协会创立时间在全国仅次于云南昆明市导游协会。据《中国旅游报》2011 年 5 月 23 日第 11 版公布称，张家界市导游协会创立时间早，并在导游依法维权、导游救助、人才培养、行业自律、宣传旅游目的地等领域发挥了重要作用。

过　程

"我热爱导游，像热爱我的生命和美丽；我敬重游客，像敬重我的父母和恋人；我追求自然，像追求我的幸福和快乐。我承诺，你选择了我，就选择了诚信、青春和智慧；我努力，服务更周，品位更高，明天更好！"2003 年 1 月 12 日，在繁华的广州上下九步行街广场上，身着民族服装并佩戴有"张家界导游万里行"的 10 位张家界导游员，他们一边拉起一幅 10 余米长的"热爱张家界，保护世界自然遗产百万人大签名"红底白字横幅；一边面对着成千上万的广州市民举起手来宣誓。广东卫视对活动进行现场报道，《南方都市报》在 2003 年 1 月 20 日以"土家妹，亮出导游品牌"为题将现场讲解的导游王娟霞作为人物特写刊载。此外，热情的广州市民纷纷"哄抢"张家界宣传资料与风光贺卡。见到如此情景，广州市荔湾区旅游局一位负责人称："张家界已经先行一步选出旅游形象大使，如此促销乃全国首创！"而广州市旅游局的调研员罗先生也面对该市 30 余位旅行商代表说："广州市有 5000 余名导游，而张家界导游万里行活动给了我们一个很好的启示。"

进工厂、进大学、进社区、进景区；以现场讲解张家界景区与推介风土人情等活动。此外，桑植民歌、张家界阳戏、花灯儿、摆手舞、茅古斯舞迎宾歌以及《相逢在张家界》等精短文艺节目进行现场表演也同样受到深圳市、中山市广大市民的欢迎。当张家界导游万里行小分队来到中山市时，中山市台商联谊会的二十多位台湾投资商设宴款待，并纷纷邀请张家界旅游形象大使们到工厂参观并向广大工友们宣传张家界。宏碁集团公司负责人还安排工厂福利委员会负责人与张家界景区洽谈送客合作事宜。深圳市罗湖区人民政府常务副区长李铭率该区组织、工会、共青团、妇联、旅游、教育等八家单位负责人观摩"张家界导游万里行"小分队讲解与节目表演，对张家界旅游资源与诚信服务、宣传推广表示充分肯定，并表示要组织客源到张家界旅游。

继"黄石寨索道杯"导游风采大奖赛活动后，全国首例"导游万里行"于 2003 年 1 月 11 日至 15 日在广东省取得圆满成功。

导游们刚刚参与四川汶川地震的抗震救灾工作后，又开始致力于旅游市场复苏。2008 年 6 月 21 日，《人民日报》海外版报道"张家界导游万里行 走进京城"。文中对张家界市十位导游员走进中央民族大学、东四社区、天坛公园、八达岭长城和首钢工厂开展多姿多彩的文艺节目表演与现场讲解等进行了详细报道。该文的作者刘雯认为，导游走

登上万里长城宣传张家界

导游在北京天坛公园宣传张家界，《人民日报》《中国旅游报》、搜狐网、中国网等媒体突出报道活动

"张家界"在石家庄受市民热捧

进客源地，传播旅游新理念。相对于某些传统的营销方式，仅限于开会、发资料而言，张家界导游走进客源地与广大市民近距离接触与互动，更具有亲和力，拉进了旅游客源地与目的地情感距离。从某种意义上可以说，"张家界导游万里行"对于全国旅游业发展，具有一定的借鉴意义。

从广东到北京，又从南京总统府到江苏无锡太湖；从台湾的阿里山、日月潭到义守大学、垦丁公园而开创大陆导游团体首访台湾交流的先河；从泰国的曼谷到韩国的首尔，"张家界导游万里行"小分队在国内外留下不少美好的印象，真正发挥了"美的传播机"作用，受到旅游业界人士一致好评。

2013年，第五届张家界导游万里行小分队赴石家庄、邯郸、唐山、天津、北京等客源地城市受到人们普遍好评。

2014年，根据市场需要，在武陵源区人民政府与魅力湘西旅游演艺公司支持下组织近40名优秀导游赴泰国进行"导游万里行"促销活动。

2011年，导游在南京总统府作诚信服务宣誓

2015年，根据市旅游工作委员会安排，"张家界导游万里行"小分队随市委原任书记杨光荣一起赴韩国首尔等地进行宣传推介张家界。

效　果

　　导游万里行活动形式新颖，通过导游的才艺和讲解去展示张家界当地的风俗，是非常有必要的……你们来到唐山，也让我们学到了一些好的经验，好的做法。

——河北省唐山市旅游局副局长　陈福利

　　这是很好的一个活动的方式，我们旅游目的地的营销过去比较多的是媒体的推广、广告的宣传，其实旅游非常强调人的接触感。通过导游与各个地方的市民亲密接触，一下子让旅游的地区鲜活起来了，带来让人向往的力量，从营销的策略和方式上，是个非常好的途径。

——南开大学商学院院长、博士生导师　白长虹

　　这次张家界市组织导游万里行小分队到我们邯郸，有力提升了张家界景区在邯郸的知名度，其次是展示张家界导游的风采，给邯郸市民留下了非常深刻的印象，这一点我觉得做得非常好。我们会更多更好地与张家界旅游同仁紧密合作，将来要推出专列，多去张家界。

——邯郸市燕赵旅行社总经理　薛晨曦

2014 年"导游万里行·泰国行"，泰国媒体报道"张家界导游万里行"活动

2015 年，张家界市委原书记杨光荣和"张家界导游万里行"小分队赴韩国首尔等地宣传推介张家界

《中国旅游报》于 2011 年 4 月 11 日以《导游促销队，走出一片天》为题对"张家界导游万里行"促销活动进行突出报道，并配发有吴晓梅的短评："这无疑是特殊的导游培训，给更多的导游提供了展现自我、施展才华的平台；其次，导游们平时带团，对各地游客诉求比较了解，加之对景区景点很熟悉以及平时练就的'嘴上功夫'，使他们在促销时，更容易被游客接受。最后，编者还希望多给导游们创造机会！"

湖南卫视突出报道"张家界导游万里行"在台湾的活动

通过开展"张家界导游万里行"活动，我们发现广东客人到张家界旅游人数不断攀升，黄石寨客运索道公司负责人在 2003 年对游客接待量统计比较后这样说。"导游万里行"活动在客源地反响很大，特别是邯郸、唐山等地客人当年到张家界旅游量有大幅度增加，张家界美好国际旅行社负责人杨爱萍如此说。而从一名普通导游员到共青团全国十六大代表的汪华丽，她现任张家界市旅游协会导游分会副会长；作为第四届"黄石寨索道杯"金牌导游员，汪华丽相继参加了北京和台湾，以及国外的泰国、韩国等多场活动。而今，她依然利用网络平台宣传张家界，受到人们广泛好评。

多年来，湖南卫视、广东卫视、《人民日报》(海外版)、《中国旅游报》、《深圳特区报》、《江南游报》、《新京报》、天津《今晚报》、台湾《旅报》、人民网、新华网、红网、搜狐、新浪、网易以及泰国《世界日报》等媒体对"张家界导游万里行"活动多次进行突出报道，仅通过百度搜索"2012 年张家界导游万里行台湾"15 个字，相关网页有 373000 个，相关新闻有 137 条，相关图片有 448 张。显而易见，以导游为主体，行走千万里宣传张家界不失为一种成功旅游营销模式。

事件
营销

EVENT MARKETING

大庸市
更名为张家界市的前前后后

◇ 萧征龙

1994 年 4 月 4 日，经国务院批准大庸市更名为张家界市，这是成立地级市六年来具有划时代意义的三件大事之一（另两件：申请武陵源列入联合国《世界遗产名录》获得批准、张家界机场建成通航）。从此以后，大庸这个地名将隐居在历史档案之中，张家界，这个富有地方特色和时代气息的新市名将印在中国和世界地图上，以其无限的诱惑力，吸引天下游人，招揽八方客商，加快城市开发。

背 景

大庸——完成了它的历史使命。

大庸这个地方，自春秋战国以来，数易其名，明洪武初年设大庸县不久改名永定卫。清改卫为县，1914 年复名为大庸县。大庸作为县名，共计只有 90 余年，加之过去长期处于封闭状态，外人几乎无人知晓。1988 年，大庸以旅游立市，全市旅游资源得天独厚，堪称国之瑰宝，世界之最。自 20 世纪 80 年代初对外开放以来，特别是建立地级市以来，来我市旅游观光的游客总计已达 1000 多万人次，然而大庸这个地名，外界知之者依然甚少。许多游客闹出了诸如"到了大庸市，不知张家界"，"寻找张家界，走过了张家界"的笑话和误会。他们或当面陈述，或投书报社，强烈呼吁大庸市更改市名。《湖南日报》《羊城晚报》曾多次刊登这样的读者来信。

这几年我们在招商引资过程中，发现很多客商愿到张家界投资，却不愿到大庸投资，其原因之一是不知道张家界在大庸境内，招商引资的同志须花费大量的精力解释。实践告诉我们，从某种意义上讲，提高知名度，是促进生产力发展的措施之一。在改革开放发展社会主义市场经济的新时期，向国内外亮出自己醒目的国际标识，对于城市扩大开放、加快开发、促进发展，无疑具有重大作用。

人民日报

RENMIN RIBAO
(今日十二版)

国内统一刊号 CN11—0065
第16719期（代号1—1）

人民日报社出版

1994年4月
19
星期二
甲戌年三月初九
北京地区天气预报
白天 多云间晴
风向 北转南
风力 二、三级
夜间 多云
风向 南转北
风力 一二级
温度 23℃/13℃

胡斯尼·穆巴拉克将于4月21日至23日对我国进行国事访问。

合力建新城

『仙境』张家界

本报讯 以拥有张家界稀世自然景观而列入联合国《世界遗产名录》的湖南省大庸市，最近经国务院批准更名为张家界市。目前，该市正在加快基础设施建设，以迎接越来越多慕名而来的中外游客。

张家界地处湘西，有"仙境"之称，过去人迹罕至。近十年来，随着它奇伟瑰丽的景观逐步为世人认识，国内外游客纷至沓来。为在本世纪末建成国际旅游城市打下基础，几年来市委书记肖征龙团结一班人，带领土家、白、汉各族群众，先后投入20亿元，创造完善的旅游环境。现在，已建成电信大楼，开通使用了微波、移动通讯网、无线寻呼网、数字程控与光缆工程网，电话装机由1990年的不足1000门扩充到1.6万门。张家界民用机场已试航成功，5月底正式通航，可起降大、中型客机，将开通飞往北京、上海、广州、西安及香港、东南亚的十几条航线。设施一流的张家界火车站也已建成，可同时发送8对列车。

张家界的能源建设也在抓紧进行，慈利江垭蓄水电站、渔潭电站、贺龙电站、慈利城关电站等建成后，不仅能解决全市生产、生活用电，而且能满足景区电力供应。

张家界风景区和城区接待服务设施也明显改善。全市现有接待床位2万多张，涉外星级宾馆5家，两家四星级宾馆即将竣工。景区人行干线游道已全部建成高标准石砌游道。（舒文）

《人民日报》头版发表《"仙境"张家界，合力建新城》文章

庆祝大庸市成立大会现场 （安用甫／摄影）

1990 年 11 月，湖南省省辖 8 市市长联席会在张家界举行，面对这举世无匹的名山胜地，会议主持者、副省长陈彬藩同志说："大庸的自然风光堪称世界之最，大庸有张家界，张家界名扬四海，你们今后要改个名哩！"还有其他领导同志也在不同的场合讲到这个问题。

游客的呼声，对外开放的要求，领导的提示，使我们看到了更改市名势在必行，非改不可，于是，我们下定了更改市名的决心。

过　程

旅游立市——叫张家界好

更改市名的工作始于 1991 年。改什么名，当初看法不一，经过市名更改论证班子几上几下，广泛征询意见，最后我们决定更名为"张家界"。

张家界是我市自然风景区的核心景区之一，1982 年国务院正式命名为"张家界国

国务院关于湖南省大庸市实行市管县体制的批复

家森林公园"。这几年，随着旅游业的发展，张家界早已蜚声海内外，知名度如日中天，许多出外招商引客的同志常常有意无意地省略"大庸"二字，很自豪地称自己是张家界的。在市内，一些企业取名字，打广告，早就亮出了张家界的名号，为便于游客旅游。大庸市的两大重点工程火车站和飞机场都直接冠以张家界的称谓。经过反

复研究比较，大家一致认为，旅游立市，有了张家界，才有大庸市。张家界，这个名字在外有知名度，在内有凝聚力，既是历史的，又是现代的，既有浓郁的地方民族特色，又有强烈的现代意识。

为慎重起见，1991 年，在市人大一届五次会议上，市政府又将更改市名的问题提交人代会讨论。来自全市各民族的人民代表一致作出决议，将大庸市更名为张家界市，要求市人民政府尽快做好工作。1991 年 12 月 5 日，第一份"关于要求将大庸市更名为张家界市的请示"饱蘸着全市 150 多万各族人民的浓浓期望签发。名正言顺——大家都赞成。

更改地级市名，是一件十分严肃而复杂的事情。一个市名的更改，涉及全国交通、地图、邮政、通信等各个方面，可谓牵一发而动全身。国务院明文规定，严格控制更改地方行政区划名称。更名需经省民政厅、省政府、国家民政部层层审核同意，逐级上报，最后由国务院审批。民政部出于各方面的考虑，不主张以名山大川变更行政区域名称。此外，原大庸地级市成立才两年多又提出更名，给人们以不严肃的印象，这从某个角度来讲给更改市名的工作增加了一分难度。

但是，为了这方仙山宝地更加美好的明天，哪怕只有百分之一的希望，我们也要以百倍的努力去争取。从 1991 年下半年起到 1994 年 4 月止，我们的工作一直没有间断过。1993 年，市委市政府将这项工作列为全市 10 件大事之一。为了完成这一重大的历史使命，我们多次上省，3 次赴京，请示汇报。

大庸市人民政府原貌

1993 年 3 月，全国人大八届一次会议期间，正在参加人代会的民政部部长多吉才让挤时间听取了我们的汇报，明确表示："我支持你们更改市名的工作。'大庸'容易被人误解有贬义，按照地名管理条例规定，这地名可以改。我把你们的材料交给地名司，按程序由他们办理。"民政部部长的支持对我们鼓舞很大，我们立即找

大庸县人民政府原貌

到在京参加人代会的储波副省长汇报。储副省长当即将我们的请示批示给有关部门办理。7月，省政府关于将大庸市更名为张家界市的请示上报到民政部。

8月，市政府派副市长严高明带领有关部门的同志再次赴京汇报。国务委员、分管民政工作的陈俊生同志在百忙中专门接见了代表，耐心听取汇报后指出："你们的市名该改就改，这是为了发展。"

11月5日，我们又一次进京向民政部汇报，阎明复副部长和区划地名司张文范司长十分重视，大力支持。11月底，民政部区划地名司王际桐副司长带领民政部门的有关同志专程到大庸实地考察论证。王副司长回京后，民政部门及时进行了研究，并上报国务院。1994年4月4日，国务院以国函〔1994〕25号文件，批复同意大庸市更名为张家界市。4月19日，《人民日报》头版发表《"仙境"张家界，合力建新城》文章，首次向外界披露了大庸市更名情况。省政府非常重视，4月23日在省城召开了湖南省行政区划更名新闻发布会，全市人民欢欣鼓舞。5月18日，市直各单位正式挂出"张家界市"的招牌。8月18日，市委、市政府举行大庸市更名为张家界市和张家界机场正式通航庆典，普市同庆。至此，大庸市更名工作圆满地画上句号。

效　果

张家界——属于全世界

古人把著书立说当作名山事业，张家界的开发建设，才是一篇大有文章可做的真正的名山事业。更名，只不过是开发张家界、服务全中国、走向全世界这篇大文章的开头。如何丰实这个美名？我们还有大量的工作要做。湖南省委、省政府向我们提出了新的宏伟目标：要把张家界建成全国的旅游大区，亚太地区著名的旅游胜地，国际旅游新城。山外潮声激荡，目标已经明确，更名，只不过是又一次冲浪的新契机。历史把机遇和责任给了我们，人民在期待着我们，我相信，有党和政府的正确领导，有各界朋友的关心支持，有全市各族人民辛勤汗水的浇灌，张家界，这一璀璨的风景明珠，将更加灿烂生辉；张家界，这一旅游新城，将以崭新的风貌，迈着坚定的步伐，走出国门，走向世界。

我们将以更加优惠的政策，更加宽松的环境加快开发建设，我们期待一如既往的支持，我们希望更多的仁人志士加入开发张家界的行列。张家界，属于大家，属于全世界。

（本文作者系大庸市首任市长、第二任市委书记）

"森保节"
为张家界引来"韩潮"

1982 年，中国第一个国家森林公园在张家界诞生。目前，全世界已有 100 多个国家建立了 1000 多个国家森林公园。在北美、北欧、东南亚等国家和地区都有森林公园，如美国的黄石公园。而幅员辽阔，人口众多，植被却遭受严重破坏的中国亟须建立国家森林公园，且与国际接轨。1981 年 5 月，国有林场管理局局长周戈千考察张家界后认为："张家界发展的要素，一是旅游，二是森林，三是科研"，并提出要在张家界建森林公园的构想。后来，周戈千局长与国家计划委员会农林水利计划局局长刘中一等国家有关部门负责人对于积极推动张家界成为中国第一个国家森林公园发挥了重要作用。最后，经国务院研究同意，并于 1982 年 9 月 25 日，以计农〔1982〕813 号文件作出《关于同意建设大庸张家界国家森林公园的复函》，并从此宣告中国第一个国家森林公园在湖南张家界诞生。

"森保节"的由来

1991 年 11 月 6 日，湖南省人民政府在张家界召开市长会议，时任副省长陈彬藩谈到旅游资源开发时提出举办"森保节"（张家界国际森林保护节的简称）的设想。此后，省委、省政府将这一设想向国家及有关部门作了专题汇报，并得到中央领导同志的充分肯定。

1991 年 1 月 8 日，省委、

1991 年，时任中共张家界市委原任书记赵杰兵在 "'91 中国湖南张家界国际森林保护节入园式"上讲话

张家界欢迎您

（宋国庆／摄影）

省政府正式确定 1991 年 11 月 8 日至 11 日，在中国第一个国家森林公园举办"'91 中国湖南张家界国际森林保护节"。

"森保节"节徽

图案为圆形，象征世界大团结，全人类保护森林，保护地球；图案底色为绿色，寓意为让绿色森林遍布地球；经纬网，代表国际性节日；图案中心景观为张家界南天一柱，表示在张家界举办国际"森保节"；图案底部为两枝只有森林中才有的橄榄枝，代表森林保护和世界和平。

"森保节"吉祥物

"森保节"吉祥物取名"欣欣"，一只小胖猴肩上扛着铁铲，铁铲上挂着两只小木桶，跑得水花四溅。意即通过小胖猴植树造林，展示人类应该积极植树造林，保护森林资源，保护生态环境。

过　程

"驾着绿云飞来，踏着绿波涌来；我们来自五湖四海，我们相逢在张家界！"一曲《相逢在张家界》将人们带到了那火热的"'91 中国湖南张家界国际森林保护节"的场景中，让人们心潮澎湃。

'91 中国湖南张家界国际森林保护节

2005 中国湖南张家界国际森林保护节

　　据市档案馆提供的资料显示: 1991 中国湖南张家界国际森林保护节暨 1992 中国友好观光年奇山异水首游式, 自 1991 年 11 月 4 日经贸展销大会开始至 11 月 11 日降下帷幕, 历时 8 天。由于组委会加强领导, 执委会精心组织指挥, 省市各部门协同配合和全市人民共同参与, 取得了圆满成功。

　　来自全国各地的 4000 多名客商参加了经贸展销会。应邀参加节日各项活动的有来自 16 个国家和地区的 800 名外宾, 有来自全国各地 1200 名内宾和 300 多名中外记者。时任全国人大常委会廖汉生副委员长, 林业部高德占部长、刘德运副部长, 国家体改委贺光辉副主任, 建设部周干峙副部长, 国家旅游局程文栋副局长, 中国林学会董智勇理事长等 10 个国家部、委、局、行和长江中上游 9 省的副省长等 44 名部省级以上的领导, 中国香港的彭立珊、马力先生, 以及奥地利、日本等 8 国驻华大使和参赞等

张家界国际森林对话

近百名中外各界知名人士应邀参加了节日盛会。与会者普遍认为: 这次"森保节"突出了"森保"主题, 体现了民族地方特色。整个节日活动内容丰富, 既有隆重的大型团体操与飞机场、台湾山庄奠基典礼, 又有精巧的花卉盆景、民俗风情、旅游资源、林业建设成就等多项展览; 既有专题研究森

林保护的全国长防会议和国际学术会议，又有轻松愉快的森林旅游，还有盛况空前的经贸展销和充满友好气氛的利用外资洽谈。整个节日期间，一派热烈喜庆、安定祥和、秩序井然的景象。时任省长陈邦柱以"国宝展新颜，秩序井然，兴旺繁荣"13 个字高度评价了"森保节"。

　　"首届张家界国际森林保护节"（以下简称"森保节"）突出了"地球呼唤绿色，人类渴望森林"的主题。由于建市时间不长，经济基础薄弱；为了办好"森保节"，促进森林旅游发展，市委、市政府采取广泛发动，全民参与的办会模式，由于宣传工作扎实，全市人民以饱满的热情投入节会工作中，有钱的出钱，有人的出人，刚刚走上富裕道路的个体工商户纷纷捐款给组委会，特别令人感动的是桑植县一位农村妇女从家中拿出 20 个鸡蛋专程送到组委会，不少参与大型歌舞节目排练的干部、职工、学生不计报酬，不辞辛劳，有人甚至带病坚持排练；一位年仅 21 岁的大学生小蒋为设计"森保节"吉祥物"欣欣"而殚精竭虑；应该说首届"森保节"激发了全市人民奋发进取的热情，人人都是宣传员、战斗员，更是旅游营销员。

2008 中国湖南张家界国际森林保护节

　　"森保节"定位在国际，而张家界也不断走向国际旅游市场。2001 年 11 月 18 日，在张家界宝峰湖景区，成功举行 2001 中国湖南张家界国际森林保护节活动，作为外宾代表、曾担任过 12 年国会议员连任三届观光公社社长的韩国高级官员、资深旅游管理者韩国观光分社社长赵洪奎先生发言说："在如此风景绝伦、美丽无比的山水间参加国际森林保护节，感到非常荣幸。我相信张家界一定会成为世界性的旅游胜地！"他还认为："张家界举办森

2009 中国湖南张家界国际森林保护节

2011 中国湖南张家界国际森林保护节

林保护节是唤起人们保护森林资源，是对人类负责！"他决心把"张家界"带回韩国，以发动韩国人民到张家界旅游。后来的事实证明，赵洪奎先生在将张家界推向韩国旅游市场中发挥了重要作用。对于韩国人为什么会钟

韩国游客在张家界国家森林公园、宝峰湖等景区游玩

情于张家界，除了官方主导以外，民间力量的助推也是不可忽略的。有人认为，"张家界最初的韩国游客其实是从桂林转来的。"据了解，以前，韩国人最熟知的中国自然景观是长白山和桂林山水。那个时候去桂林的韩国人非常多，很多中国东北的朝鲜族人看到了商机，于是就在桂林接待韩国游客，所以 20 世纪，在东北地区朝鲜族的开发下，来桂林旅游的韩国人非常多。

扎根张家界的东北人吴文革先生对推进张家界"韩潮"作出了不少努力

20 世纪末，一些原本在桂林从事旅游工作的东北朝鲜族人来到了张家界，他们发现这里风景绝美，就开始在张家界开发韩国市场，在他们的带动下，越来越多的韩国人进入张家界旅游。对于此，从东北到张家界长期从事韩国旅游市场开发的资深旅游人吴文革是十分认同的，他已经选择定居张家界了。

从"森保节"不断引发在韩国旅游市场掀起的"张家界热"。直到 2014 年"中韩旅游年"，由时任张家界市委书记杨光荣率领的旅游促销团在韩国首尔开展"美丽张家界，快乐旅游年"旅游文化暨旅游产品推介活动。为了扩大与韩国旅游业界的合作与交流，张家界市与韩国有关机构达成了友好合作意向，并相继落实了张家界对韩国游客实施落地签政策、开通首尔—张家界直航航班、在使馆办事窗口放置张家界宣传资料等，促进了韩国与张家界的文化交流与旅游发展。

效　果

一个"森保节"让张家界与世界拉近了距离。1991 年，首届"森保节"迎来了不少国家的贵宾；而 2001 年，"森保节"又让韩国观光公社社长赵洪奎先生走进了张家界，并把张家界推向韩国。如果说，自然奇观和名人效应固然是张家界吸引韩国人前来的重要因素，但仅有这些，还不能解释为什么张家界在韩国受欢迎。而张家界市文化旅游广电体育局长期从事境外市场开发的负责人解释说："一个重要因素就是张家界对韩国游人的配套服务好。张家界处处都有韩文标识，张家界约 170 万人，从事对韩服务的人员最多时将近 3 万，在张家界，许多人都会说几句韩语。荷花国际机场曾经每周有 18 个航班直飞韩国 5 座城市，航线可覆盖韩国全域，韩国人往来非常方便。"

为了探究韩国人到中国张家界旅游的情况，《中国国家地理》杂志派记者深入张家界了解后认为：到张家界的海外游客遍布全球，其中韩国游客数量长期稳居第一，韩国游客比例最高时达到了 90%，即便在一般年份，韩国游人数量也远高于其他国家。根据文化和旅游部多年发布的入境游客数据来计算，到张家界的韩国游人约占入境的韩国游人总数的 1/3。此外，在张家界，韩国游客无论是从数量上还是比例上都占据着境外游客的绝对优势。在张家界旅游部门的统计数据中，韩国常年占据着入境客源榜首。2018 年，张家界接待入境团队游客人数 51.84 万人次，其中韩国游客人数 27.2 万人次，约占入境游客人数的 52%。

请进来，走出去。张家界在韩国旅游市场是叫得响的旅游品牌。2006 年，张家界与河东郡成为友好城市。2019 年，张家界直飞韩国首尔、釜山、清州、大邱等地的航班开通，韩国与张家界的距离只有三个多小时的路程，张家界几乎可以纳入韩国人的周末旅行计划中。

"地上最高绝境张家界。"联合国第八任秘书长潘基文考察张家界后如此赞叹，引起了韩国人对张家界更多的向往。其实，张家界在韩国的知名度已经非常高了。在韩国釜山的龙头山有一块牌子写着龙头山是韩国圣山，张家界是中国圣山。有韩国人把张家界视为中国的圣山，所以凡是到中国的韩国人，都非常向往张家界。一个"森保节"，引爆了张家界的"韩国潮"。

（本文图片由张家界市林业局与吴文革提供）

黄龙洞
"定海神针"投保 1 亿元

背　景

　　1998 年 1 月 1 日，张家界市武陵源区人民政府对黄龙洞景区正式实施为期 45 年的委托经营，受托方为中国大通实业有限公司。

　　黄龙洞的委托经营，离不开一个湖南人，他就是 1965 年出生在长沙的叶文智。叶文智在经历为期一年、前后 35 次的艰难谈判后，最终以 5.275 亿元的总价，为中国大通实业公司赢得了黄龙洞景区的 45 年自主经营权，并出任受托方成立的黄龙洞旅游投资有限公司总经理，专门负责开发、建设、管理黄龙洞景区。

　　黄龙洞委托经营之前，景区所有权、经营权均归政府所有，因体制不顺等多种原因导致游客量不多，效益不佳。黄龙洞委托经营之后，按照"产权清晰、权责明确、政企分开、管理科学"的要求，景区所有权、经营权成功实行了分离，受托方建立了灵活的经营、管理、营销机制。"洞主"叶文智虽然初涉旅游，但有着多年的商战经验，敢于"第一个吃螃蟹"，认为在旅游产品营销和市场营销的过程中不适宜打常规战。在他当时的心里，他表示要打就打"核战争"，他的"核武器"就是"创新事件营销"。

过　程

　　黄龙洞，现为世界自然遗产、世界地质公园张家界的有机组成部分和精华景区。黄龙洞属典型的喀斯特岩溶洞穴，1983 年被当地青年民兵探明，1984 年 10 月正式对外开放，因洞内拥有高阔的洞天、幽深的暗河、悬空的瀑布、密集的石笋等丰富而奇特的景观，被誉为"地下明珠""世界溶洞奇观"。经中外地质专家考察后认为：黄龙洞规模之大、内容之全、景色之美几乎包揽了《洞穴学》的全部内容，是世界溶洞的"全能冠军"。1992 年联合国专家卢卡斯在武陵源验收世界自然遗产时称赞：黄龙洞是

黄龙洞 "定海神针"

他们所看到的世界上最美的溶洞，洞中还有这么长的阴河，真是不可思议！1997 年，黄龙洞被国家旅游局列为中国 35 个王牌景点之一。

黄龙洞委托经营之初，百废待兴，公司日常琐事千头万绪，但如何更好地打响黄龙洞的知名度，吸引更多的游客前来参观游览，成为"洞主"叶文智日思夜想的头等大事。

1998 年 4 月，黄龙洞委托经营进入第四个月。月初一个阳光明媚的日子，黄龙洞景区总办公室走进一名保险业务员，希望新成立的黄龙洞公司能够将一些保险业务交给他做。总办公室工作人员告诉他，游客的意外伤害保险和员工的所有保险业务都已经和相关保险公司合作，正有序执行。但这名保险业务员心有不甘，还是待在总办不肯离开。总办公室工作人员有些不耐烦，便开玩笑似的下了逐客令："你还是以后再来吧！黄龙洞除了洞内的石笋，真没什么可以保了！"

说者无心，听者有意。没想到黄龙洞工作人员的这句玩笑话，竟然让刚好在景区处理日常事务的总经理叶文智听到并脑洞大开。他灵光一闪，认为营销黄龙洞的大好时机来了，便向该保险业务员表示："我们要为黄龙洞石笋买保险！"他将这个想法说出来后，公司许多员工都觉得有些荒唐，保险业务员也觉得黄龙洞"洞主"在调侃。当他得知叶文智是真的要为黄龙洞石笋买保险后，称这样的保险以前没做过，要马上回去跟公司领导层报告。

1998 年 4 月 11 日，张家界黄龙洞景区迎来开放以后首位外国元首——时任坦桑尼亚总统本杰明·威廉·姆卡帕，叶文智作为景区管理方负责人全程陪同。途中，姆卡帕总统对黄龙洞石笋景观特别是标志景点"定海神针"发出连连赞叹。"定海神针"是黄龙洞内一根又高又细的奇特石笋，生长在龙宫大厅崩塌的斜坡上，高达 19.2 米，两端粗，中间细，最细处直径只有 10 厘米，洞穴学家推算它至少生长了 20 万年。"定海神针"顶部有滴水，尚在生长发育期间，估计再等 6 万年就可以"顶天立地"。外国元首对黄龙洞的赞美，更坚定了叶文智为黄龙洞石笋买保险的决心。事后，叶文智迅速召开管理层会议，尽快为黄龙洞石笋"定海神针"买保险！而且保额要 1 亿元！然而事先到黄龙洞曾赖着不走的保险业务员，跟公司领导层汇报并商谈多次的结果却是：同意投保，但保额最高只能是 5000 万元。毕竟这事情以前大家都从未干过，万一"定海神针"损毁了，那可要赔付 1 亿元啊！由于保额过高，这家保险公司权衡再三，最后主动放弃了这笔能写进保险历史的"生意"。

"必须是 1 亿元，这才能体现世界自然遗产景点的价值，也才能更好地展现我们保护世界自然遗产景点的决心！"叶文智毫不犹豫地说。到这里，事态发生了戏剧性的变化，由"业务员到黄龙洞推销保险"变为"黄龙洞找保险公司给石笋买保险。"叶文智登门拜访众多保险公司，大多被以风险太大而婉言拒绝，只有中国平安人寿保险股份有限公司张家界中心支公司对此产生了浓厚的兴趣，认为"定海神针"生长20万年屹立不倒在世界范围十分罕见，为其受理保险赔付率不仅极低，对拓展保险市场也具有重大意义。于是，保险公司负责人覃爱鸣随后亲自出面，与黄龙洞"洞主"叶文智就投保的保费、保额、时间、承保内容等细节一一进行了认真敲定。

1998年4月17日，黄龙洞旅游投资有限公司和中国平安人寿保险股份有限公司张家界中心支公司签订保险合同，为"定海神针"标志景点买下1亿元人民币保险，保费2万元人民币，保险期限1年，保险责任为地质变化、火灾、洪水、暴风雨、雷击等造成的"定海神针"整体或部分倒塌，而地震和人为因素造成的损毁保险公司则不予赔付。"世界遗产无价宝，一根石笋一亿保。"此举开创了世界为资源性资产买保险之先河，成为中国旅游界和保险界的一件大事和美事，经过新闻媒体报道后震惊世界。

黄龙洞龙宫　（邓道理／供图）

效　果

黄龙洞"定海神针"投保 1 亿元的成功案例，对"洞主"叶文智本人来说，揭开了他从事旅游大策划的帷幕，对黄龙洞乃至张家界景区来说，起到了以小博大、"四两拨千斤"的作用，实现了良好的品牌效益、经济效益及社会效益。

品牌效益迅速抬高。由于黄龙洞为"定海神针"投保的独特新闻价值，被新华社、《人民日报》《中国旅游报》等海内外近 2000 家新闻媒体竞相报道，黄龙洞很快受到全社会的广泛关注，并成为广大游客出游张家界的主选景点。1998 年 5 月 20 日，86 岁高龄的国画大师关山月访问张家界黄龙洞后，不顾旅途劳顿，欣然为"定海神针"题词。1998 年 10 月 20 日，香港特别行政区首任行政长官董建华在张家界度假期间慕名

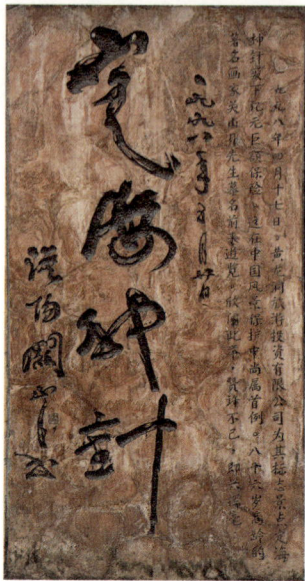

国画大师关山月题写"定海神针"

参观黄龙洞后，赞叹"黄龙奇洞，叹为观止"。2002 年，时任外交部党组书记李肇星考察黄龙洞后，赞美"三湘的黄龙、中国的骄傲"。2004 年，泰国公主诗琳通访华期间，游览黄龙洞"定海神针"后，用中文题字："梦幻世界"。时至今天，仍有游客到了张家界后说："我要去黄龙洞，看那根世界最贵的石笋——定海神针"。

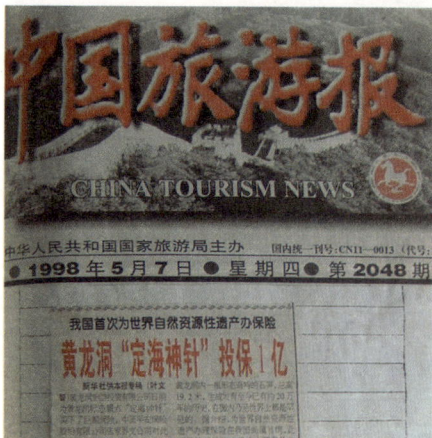

1998 年 5 月，《中国旅游报》等海内外多家新闻媒体竞相报道"定海神针"投保

经济效益明显提升。因"定海神针"投保 1 亿元，黄龙洞在业界赢得了较好的知名度和美誉度，在游客心中树立了良好的形象，从以往的出游张家界备选景点华丽转身为主选景点。接待数据显示：黄龙洞委托经营前的 1997 年，全年游客量不到 30 万人次；委托经营后的黄龙洞年接待量逐年增加，2000 年达到 67 万人次，相当于 1997 年的 2 倍。1998 年至 2004 年，黄龙洞累计接待海内外游客 480 万人次，相当于受托前 13 年接待总量的 165%；实现

黄龙洞生态广场 （邓道理 / 供图）

旅游收入 2.8 亿元，相当于受托前 13 年总收入的 6 倍；缴纳给地方税费 1.5 亿元，相当于受托前 13 年总收入的 3.3 倍。业内人士指出，黄龙洞委托经营后迅速取得的经济效益，"定海神针"巨额投保功不可没，可谓"点石成金"。

社会效益不断增强。黄龙洞"定海神针"投保 1 亿元除了在品牌效益、经济效益发挥巨大作用外，在如何保护世界自然遗产景点方面也带来了众多启迪。黄龙洞委托经营后，对洞内石笋、石柱、石钟乳、石幔、石花、石瀑等钟乳石景观采取了一系列强有力的保护措施，洞内基础设施进行提质升级一直遵循"保护第一，开发第二"的原则，例如，洞内灯光长期使用冷光源、不开通手机信号、游船使用电瓶船等，在全国旅游溶洞行业率先通过 ISO 9001、ISO 14001、GB/T 28001 三项国际和国家标准质量体系认证。1999 年，张家界黄龙洞被评为湖南省最佳旅游景区；2001 年，张家界黄龙洞被评为首批国家 4A 级旅游景区；2005 年，张家界黄龙洞上榜"中国 10 大最美的旅游溶洞"；2011 年，黄龙洞被评为"中国驰名商标"，一举填补了湖南省旅游景区和全国旅游溶洞行业的历史空白。

（本文图片由黄龙洞旅游公司与邓道理提供）

从一封信到游客
"欠张家界一张门票"

"其实想说'你莫走'，只能暂话'你别来'""云开'疫'散，重逢有时"。见图如面，"嗨，离开时，把张家界装进你心里带走""如画美景永远在，风雨过后等你来！"内容真诚、温情又理性，更是一度被网友称为"教科书级的通知"（致广大游客的一封信），极大地提升了张家界的美誉度和知名度。

背 景

2021年7月29日，张家界市人民政府召开新闻发布会，对外宣布张家界市确诊1例本土新冠肺炎病例。于是，张家界市继2020年后又一次按下旅游暂停键；于7月30日关闭了所有景区景点。紧接着，又是张家界封城。原本至6月底，张家界旅游接待量已经恢复到了2019年的90%以上，可由于疫情影响造成了退团退款而取消旅游接待的人数约为1.19万人。而到7月31日止，张家界实际滞留游客人数为1227人。于是，为了游客的利益，张家界人谱写了一曲爱的赞歌。

过 程

"假如我是游客，此时此刻我最需要什么？"张家界市文化旅游广电体育局时任党工委书记、局长邓剑关心滞留在张家界的游客，他要求有关人员换位思考，多想想游客的心理需求与物质需求。他要让游客首先从心理上克服恐慌，并积极配合疫情防控工作。于是，邓剑让办公室主任田洪曼同志迅速起草一份告游客书，他特别强调措辞一定要委婉，充满温馨，以避免过于生硬的公式化文字。接受任务后，田洪曼明白要让滞留游客了解当地政府对疫情防控的决心、信心，还要告知游客相关实用信息。张家界人一定会把客人当亲人一样给予必要的生活照顾，也请客人把张家界当成家一样。字里行间充满了友好与关切，让人读来十分贴心感人。写出《致居留在张家界游客朋友的一封信》后，田洪曼又请有关领导审稿，且反复修改后交有关机构作权威发致亲爱的游客：

携手战"疫"，
见图如面。

📍张家界武陵源核心景区

《携手战"疫"，见图如面》海报

红网张家界站推出一组闭园海报《张家界：我的不舍你一定会懂》

布。很快，"一石激起千层浪"，那一封信让滞留在张家界的游客吃下了"定心丸"。与此同时，张家界市针对滞留游客成立了"车辆和志愿者组织组""核酸检测组""应急处理组"等 9 个工作小组，并制订了游客住宿、用餐、车辆、就医，甚至是备好垃圾袋、餐巾纸、矿泉水等无微不至的贴心服务措施。市文化旅游广电体育局成立 3 个工作组，安排 16 人 24 小时值守，并开通 10 部电话，与滞留游客保持信息畅通，积极为游客排忧解难。此外，张家界市有关机构还帮助游客主动联系与对接滞留客人居住地的返程工作，严格按照国家有关疫情防控要求完成 14 天隔离。经核酸检测呈阴性者可顺利返程。从滞留到返程，游客对张家界是十分满意的。据有关部门介绍，7 月 30 日晚，市政府领导带队文旅、公安、卫生等部门人员，亲赴荷花国际机场现场安抚 362 名滞留游客，将其统一妥善安置到汉庭、丽景天下、盛世嘉年 3 家酒店。8 月 1 日晚 8 时，针对部分游客情绪异常激动要求立即离开的现象，通过劝导，平复了游客情绪。8 月 2 日，针对天津游客反映的意见，进行了现场安抚，

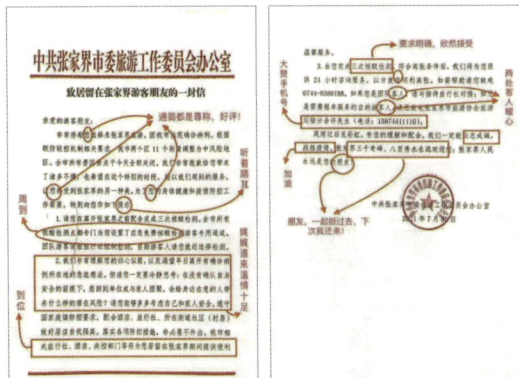

《致居留在张家界游客朋友的一封信》

并就相关问题，于当天上午召开会议进行了研究和部署。三是确保食宿有人关心。明确后勤保障组，要根据在张家界游客的生活习惯，跟酒店进行沟通，切实搞好卫生和用餐，要让游客在张家界能吃到家乡的味道、并保证每天给游客送一次水果。四是安全保障到位。调度医疗资源和公安力量到游客住地服务，为游客人身安全和身体健康提供坚强保障。五是出行安排到位。对于游客的必要出行，安排志愿服务车辆负责接送，组织 15 辆车、16 名志愿者为 330 名散客核酸检测提供了交通服务。并根据大量航班、列车取消的实际情况，安排市旅游协会旅游运输分会调度充足的旅游运输车辆接游客返程。从一封信到一系列的服务保障措施；张家界多年来坚持开展"平安满意在张家界"，游客至上的服务理念得以彰显。思想上的认同，行动上的证明，于危难之中见真情；感动了天，感动了地，也感动了游客！

效 果

真情的付出就会有真情的回报。8 月 3 日，张家界市为严防疫情外溢，对在辖区内的所有居民、游客实行封闭式管控，部分游客因此滞留张家界。张家界市坚持"宁可自己掉眼泪，不让一位游客受委屈"的服务宗旨，想游客所想，急游客所急，在贴心做好滞留游客服务保障工作的同时，有力有序做好滞留游客返程服务工作。8 月 13 日早上 6 点，集中隔离期满、符合返程条件且自愿返程的首批 440 名游客开始有序返程，其中外籍游客 17 人。

一位游客在离开张家界之际道出了自己的心声："2021 年 8 月 13 日，一个可能会被我们铭记一生的日子，在这一天，我们结束了为期 14 天的隔离，我们的嗓子撑过了 9 次核酸检测，终于可以回家了。为了今天，背后不知有多少人在努力，有幸我们从来不是一个人。在防疫这场没有硝烟的战斗中，我们也要像个战士，感谢张家界政府，感谢为我们这些特殊的人群做着特殊规划、统筹

贴心做好滞留游客服务工作

中央电视台新闻频道报道张家界新冠肺炎疫情防控新举措

工作的各级领导们，感谢夜以继日工作的志愿者们，感谢宾馆所有的工作人员，更感谢我们汉庭旅游团群主，你们如此包容我们，把我们照顾得无微不至。我们一边是感谢，另一边还是感谢。有了亲人们，我们即使离家千万里，依然能感受到家的温暖，每天我们有那么多的问题和需求：核酸检测、测温、消杀、一日三餐、水果饮料、防护用品、咸菜、方便面、酸辣粉、药品、米饭、馒头、稀饭、荤素，你们却每天精心变着花样地服务我们。我们知道，你们在尽着多大的努力，这么多房间，这么多人，我看了都头疼，你们依然那样微笑以对，不厌其烦地把食物、表格送到每个房间。我们吃完了，你们才吃饭，你们吃饭时，饭菜已经凉了，就这样，每天依然无怨无悔，志愿服务。没有你们，这14天何其难挨，请接受我们发自肺腑地感激。这份情谊，可以写在人们的心里，一想起，就澎湃不已。爱你们，真心希望早日云开疫散，张家界可以自由敞开它那宽广的胸怀，用绝世的美景，迎八方来客，让世界都领略到国际张家界的风采和热情。"

《致居留张家界游客朋友的一封信》让55万网友隔空表白："张家界大格局，我欠你一张门票"，有不少游客留言："有温度、有情怀、有格局的城市，按下暂停键，护佑你我他。我们都会记住你的好，魅力张家界，他日定会再来！""我从来没有到过张家界，但是这篇公告，是我在疫情期间看到的一篇最温暖而且最周到、最严谨的公告！疫情结束，一定要从上海直飞张家界看看，加油！""这样的张家界，我爱了，疫情过去一定带家人'野性消费'一次。中国加油！"

"欠"张家界的这张门票，终于还了！据有关部门统计称，2021年"国庆黄金周"10月1日至7日，重返张家界的游客人数达166万人次。2021年，张家界共接待旅游团队3718个，游客人数52987人。其中，省内团队2586个，人数40962人，占比77.3%。

一封信及贴心服务游客的行动所带来的是潜移默化的"营销"，它具有任何力量无法替代的作用。

·链接·

张家界市 2021 年"一纸书信暖万千"

2021 年 7 月 29 日，张家界市确诊 1 例本土新冠肺炎病例。经流调判断，张家界的首发病例与南京禄口机场外溢疫情相关。当晚 8 点，张家界市人民政府第一时间召开专题新闻发布会。发布会上宣布，从 30 日上午起，全市所有景区景点关闭；张家界市疾控部门也发布了《关于暂不要来张家界市旅游的提示》。

概况

突如其来的疫情，使张家界迅速按下旅游"暂停键"。时值暑期旅游旺季，不少外地游客滞留在张家界，为有效阻断和控制疫情的传播，同时安抚好滞留游客的慌乱情绪，有序做好滞留游客服务保障和后续疏散工作，中共张家界市委旅游工作委员会办公室发布了《致居留在张家界游客朋友的一封信》（以下简称"一封信"），温馨提示滞留在张的游客朋友在张期间积极配合开展疫情防控工作；与此同时，红网张家界站推出了一组闭园海报《张家界：我的不舍你一定会懂》（以下简称"一组海报"）。"一封信"和"一组海报"通过张家界主流媒体、张家界旅游官方公众号、微博、微信、抖音等网络媒体广泛转载，引起了滞留游客及广大网友强烈反响，瞬间登上热搜，全网破防，并有网友感叹"这是一座城市的邀约""欠张家界一次旅行"，为疫情防控工作的有序开展营造了良好的舆论氛围。

"一封信"和"一组海报"展示了有温度、有情怀、有格局的国际旅游城市形象，彰显了有责任、有担当、有作为的湖南旅游"龙头"风范，扩大了良好的舆论效应，提升了张家界旅游品牌美誉度和影响力。

举措

科学应对、全面管控

发布管控禁令。7 月 29 日晚市政府宣布：张家界市辖区内所有景区景点于 7 月 30 日上午 8：00 起全部关闭；7 月 30 日，市疫情防控指挥部发布 1 号令，11 个办事处调整为中风险地区。同日又宣布，对市内所有小区封闭管理，全市所有休闲、娱乐、旅游购物、文化演艺、影剧院、博物馆（纪念馆）、KTV、足浴、地下商城等密闭场所立即关闭。

全员核酸检测。对涉南京禄口机场人员、中高风险地区来张人员、"红黄码（卡）人员"做到来一人、管一人。针对大数据发现的"红码"人员，全部跟踪管控到位。

对有张家界市旅居史的核酸阳性人员、确诊患者和无症状感染者，全面摸排密切接触者、次密接触者，迅速组织开展"地毯式""全覆盖"核酸检测，确保应检必检、应检尽检。

控制人员聚集。全市火车站、汽车站、高铁站、飞机场、公交和的士等公共交通工具重点防控，严格落实扫码、验证、测温、戴口罩、环境消杀、留置点设置等措施；张家界市范围内7月30日起一律停止赈酒、聚会、节庆等人员聚集活动，红事不办、丧事简办。

精心施策、服务游客

市委旅游工作委员会办公室通过发布《致居留在张家界游客朋友的一封信》，请滞留游客在离开张家界之前配合完成三次核酸检测。告知：全市所有核酸检测点都专门设置了应急免费核酸检测游客专用通道，团队游客请由旅行社组织检测，自助游客人请就近检测；张家界市相关旅行社、酒店、疾控部门等将为你们居留在张家界期间提供便利温馨服务。请滞留在张家界的旅客和游客，根据核酸检测结果决定是否离开张家界市，并为核酸检测合格、拟离张旅客和游客提供租车服务。

市疾控部门发布了《关于暂不要来张家界市旅游的提示》，对张家界疫情防控情况及时通报，温馨提示计划近期来张家界市的旅客和游客暂缓或延期。

加强宣传、精准营销

发布《致居留在张家界游客朋友的一封信》。为进一步做好滞留游客相关服务保障和后续疏散工作，结合实际情况，中共张家界市委旅游工作委员会办公室发布了《致居留在张家界游客朋友的一封信》，"一封信"一改公文的"冰冷面孔"，不打官腔，不讲套话，而是娓娓道来，循循善诱，引起了滞留游客及广大网友强烈的情感共鸣。

推出海报《张家界：我的不舍你一定会懂》。"其实想说'你莫走'，只能暂话'你别来'""云开'疫'散，重逢有时""携手战'疫'、见图如面""嗨，离开时，把张家界装进你心里带走""如画美景永远在，风雨过后等你来！"内容真诚、温情又理性，更是一度被网友称为"教科书级的通告"，极大地提升了张家界的美誉度和知名度。

成效

7月下旬至8月下旬，面对建市以来最严峻、最危急的新冠肺炎疫情，全市人民众志成城，合力抗疫，守住了疫情外溢底线，实现了一个全周期内疫情"清零"目标。其间发布《致居留在张家界游客朋友的一封信》《张家界：我的不舍你一定会懂》使全网破防，登上热搜，赢得无数网友的一致好评。

有效放大了新媒体的整体传播力。海报《张家界：我的不舍你一定会懂》，发布不到 1 小时，这组海报阅读量达 10 万＋，五张海报在朋友圈不断被"刷屏"。一张张刷屏的海报，不少滞留游客及网友把"抗疫必胜"的希望寄托于其中，期待着"新的开始"，"疫情终将过去，繁花必将如常"。由中共张家界市委旅游工作委员会办公室发出的《致居留在张家界游客朋友的一封信》，55 万网友纷纷留言点赞："张家界有温度有担当""一座有温度的城市，一纸有担当的言语""'国际张'大格局，我欠你一张门票"。

有效提升了城市形象和品牌影响力。疫情发生以后，张家界市将滞留市区的游客全部安全转移至定点酒店，组织工作人员提供精准精细服务和心理疏导，获得了游客朋友们的高度肯定及一致好评，有效传递了张家界温度，树立

张家界市公共场所的核酸检测宣传标语

了湖南省旅游龙头的标杆形象，提升了张家界品牌影响力。"中国，very good！"安置在张家界青和锦江国际酒店的德国籍游客安东给前来慰问的武陵源区政府工作人员点赞，"中国的抗疫措施让人放心，张家界善待游客的行动让人很安心。""不是亲人胜亲人，我们在这里很安心！风雨过后见彩虹，我们还会再来的。"滞留张家界的上海旅客刘珊说，滞留在张家界期间，她享受到了五星级的服务，她期待张家界早日打赢这场疫情阻击战。"张家界人民非常热情友好，我们现在就像一个大家庭，我学会了很多防疫知识，享受了很多美味食物。"俄罗斯姑娘安娜说，疫情结束后，她还要再来张家界，"这里的人和风景都很美。"

"虽然这次来有遗憾，但不愧是'国际张'，张家界的友善让人热泪盈眶。待疫情过去，我们还会再来的。"有游客在微信上留言。

有效助推了张家界旅游市场向好发展。"这才是公文打开的正确方式""教科书式的危机应对范例""这座城市最诚挚的邀约"是无数网民的心声。网友感叹，张家界不仅有风景之美，还有人文之美，纷纷加油打气——"风雨过后相约张家界"。舆论引导先手棋，为疫情防控工作的有序开展营造了良好的舆论氛围，也为战胜疫情奠定了良好的基础，城市的正面宣传进一步提升了城市的美誉度和知名度，有力助推了张家界旅游市场向好发展。

"张家界地貌"
被国际组织命名的真相

背　景

"北有李四光，南有陈国达。"说的是中国地质科学领域的两位杰出科学家。早在 1983 年，作为地质学家，同时也是活化构造学说和递进成矿理论的创立者，被国际地质界称为"地洼学说之父"的陈国达院士两次到张家界国家森林公园进行地质考察。他发现：地处湖南省西北部的张家界受地理、地层、构造、气候等诸多条件的影响，形成了闻名于世的多姿多彩的地貌奇观，其中以石英砂岩峰林地貌发育更为世界罕见。景区内最独特的景观是 3000 余座尖细的砂岩柱和砂岩峰，大部分 200 多米高。在峰峦之间，沟壑、峡谷纵横，溪流、池塘和瀑布随处可见，景区内还有 40 多个石洞和两座天然形成的巨大石桥。

砂岩的基本特性：沉积岩中由于不同成分、不同颜色、不同结构构造等的变化、相互更替或沉积间断形成的成层性，称为层理；层内的微细层理与主层面斜交，称斜层理，如果不同方向的斜层理互相交替，称斜交层理。

砂岩由碎屑和填充物组成。石英是砂岩的主要矿物碎屑，它在地表条件下最稳定，是大多数砂岩的主要成分。张家界的石英砂岩峰林地貌岩层产状平缓，主要由方山、台地、峰墙、峰丛、石门、天生桥及峡谷、

天子山峰林奇观

（邓昌勇／摄影）

嶂谷等构成。其岩石胶结良好，刚性强，节理发育。

从丹霞峰林、科罗拉多峰林、喀斯特峰林、玄武岩峰林等与张家界石英砂岩峰林比较后，陈国达院士认为，它们各有优点，但其综合观赏价值比起张家界武陵源来，则尚有逊色。如此，他认为张家界武陵源地貌优胜之处，共有五点："一是石峰石柱本身，个个形神兼备，秀丽奇幻。二是柱峰众多而且密集，真正成林，名不虚传。三是分布范围宽广而连续，内部为整片，有如林海。四是在峰林之海里面，千堑纵横交错，配合峰林构成美丽的图案。五是水丰林密，苍翠连绵，把石峰石柱衬托有力，增添色彩。"于是，陈国达先生写出了"海陆从来无静止，风云自古成变迁"的论文，并将拥三亿八千万年地质变迁史的张家界武陵源命名为："石英砂岩峰林峡谷地貌。"

对于此说，时任张家界市武陵源区委原书记陈红日在回答一家媒体记者提问时称："为了加强这种地貌的研究，我们请到了原地矿部部长宋瑞祥，宋瑞祥在担任地矿部部长时来到张家界，对时任张家界市市长胡伯俊说，张家界地貌研究是好事情，要申报这样的项目，地矿部给予支持，所以市长非常支持张家界地貌研究。当时我是市地矿局的局长，又是学地质出身，我觉得这种研究很有意义，所以在张家界申报国家地质公园的时候，我做了很多工作，当时还不被人们所理解。我们一直讲欧美客人少，这恰好就是一块很好的金字招牌。"

过　程

2010年11月11日下午5时，坐在武陵源度假村酒店会议室主席台上的国际地貌学家协会主席迈克尔·克罗泽不自觉地用他的家乡话新西兰毛利语向与会代表打起了招呼：看到张家界国家地质公园独特而美丽的风景和地貌，我很激动，我愿意和你们一起分享。

见大家都已经坐好，他正式宣布：

张家界地貌非常独特，举世罕有。这里是世界上砂石地貌最为典型的地区。张家界地貌获得了世界36位知名地质地貌学专家的认定，张家界地质公园内的砂岩地貌特征，在全世界范围看来都是非常独特的，世界上也存在类似的地貌特征，但没有张家界如此鲜明的特征和规模，集美感与科研价值于一身，张家界地貌理应得到世界人民的认同。张家界作为全球地质公园的项目，建设顺利，特别是在生态的保护、社会经济发展，以及作为全人类的地质项目典范等方面做出了成效。张家界地貌将为全球关心砂岩地貌研究及景观保育的科学家提供一个学习交流平台。

这一宣布是权威的。这一宣布标志着"张家界地貌"正式迈进了地貌学的世界级殿堂。

除了迈克尔·克罗泽，参加在张家界举行的砂岩地貌国际学术研讨会暨中国地质学会旅游地学与地质公园研究分会第25届年会的人，可谓大家云集：国际地貌学家协会前主席、英国牛津大学地理与环境学院教授安德鲁·高迪，国际地貌联合会地貌组主任、新西兰奥克兰大学环境学院教授盖瑞·勃利莱，联合国

张家界市武陵源区委原书记陈红日在地质研讨会上发言

教科文组织地学部前任主席、德国慕尼黑大学客座教授沃尔夫冈·伊德，副主席彼得·米根，中国科学院院士李延栋、刘嘉麒，中国地质学会旅游地理学与地质公园研究分会副会长陈安泽，中国科学院地理科学与资源研究所研究员黄河清等。他们来自海峡两岸及香港地区，还有新西兰、波兰、英国、澳大利亚、美国、德国、日本等国家，共35位，他们为见证"张家界地貌"而来。

其实"张家界地貌"一说数年前就已经在国际地质界风起云涌，不少国内外地质学家经过多年研究普遍认为，与相似的丹霞峰林、科罗拉多峰林、喀斯特峰林、玄武岩峰林及黄土峰林相比，张家界砂岩峰林的综合观赏价值更胜一筹。将一直沿用的"砂岩峰林地貌"改称"张家界地貌"更能恰如其分地反映其科学价值和意义。

于是，不是经济工作也不是旅游工作的"张家界地貌"学术研究工作引起了张家界市委、市政府和武陵源区委、区政府的高度重视，他们委托中国地质科学院对"张家界地貌"定义及其形成地质背景、演化过程和地质遗迹组合特征进行研究。专家们经过区域对比和科学分析，认为"张家界地貌"迥异于喀斯特地貌、雅丹地貌、丹霞地貌、河谷地貌，这种地貌类型在世界上绝无仅有，无可复制，这种地貌景观充分和完美地体现了作为世界级地质遗产应具有的系统性、完整性、自然性、优美性和稀有性、典型性，独树一帜，命名"张家界地貌"具有科学性、合理性。

为进一步评估张家界地貌的特有性，武陵源区人民政府专门聘请了北京地质研究院的专家就核心景区的砂岩峰林地貌进行更加深入的科研考察，并与国内外其他峰林地貌进行对比研究。最后，联合国教科文组织地质公园顾问专家赵逊在其评估报告中写道："张家界地貌"具有很高的学术研究价值，独具特色。

世界顶级的地质专家们在对张家界天子山、袁家界、金鞭溪、黄石寨等典型地貌区进行了实地考察，听取张家界地貌研究课题组关于张家界地貌特征与演化过程的主题报告，以及关于中国、澳大利亚和世界范围内砂岩地貌空间分布与典型特征的专题研究报告，并系统交流了国内外砂岩地貌研究的理论方法和实例之后，大家一致认为："张家界地貌"可以界定。

中国科学院李延标院士说：张家界这种砂岩地貌，在中国乃至全世界都十分罕见，其形成条件也非常苛刻，"张家界地貌"将像丹霞地貌、喀斯特地貌等名词一样写进词典与英文字典，被世界承认。

黄石寨日出 　（邓剑／摄影）

　　现年 68 岁的沃尔夫冈·伊德非常喜欢张家界，这位德国慕尼黑大学客座教授、联合国教科文组织地学部前任主席是第四次来张家界。他说：非常赞成认定"张家界地貌"，并乐意看到这种地貌名称传播世界，此举对促进当地旅游发展和学术研究都是有利的，无论是地质学家还是旅游者都非常乐意接受。

　　时任张家界市市长赵小明说："张家界地貌"是绝版的，"张家界地貌"的认定可以为张家界在科普旅游方面更好地为游客服务，不能只向游客说这座山像猪八戒、那座山像孙悟空，要向游客介绍科普性知识，我们要把风景交给人们，也要把知识告诉人们。

　　有记者问国际地貌学家协会主席迈克尔·克罗泽：能否将世界其他地方石英砂岩地貌都叫作"张家界地貌"呢？

　　这位权威专家回答得十分坚决：这是肯定的，就是张家界地貌。

　　他进而不厌其烦地解释道——

张家界地貌是砂岩地貌的一种独特类型，它是在中国华南板块大地构造背景和亚热带湿润区内，由产状近水平的中、上泥盆统石英砂岩为成景母岩，以流水侵蚀、重力崩塌、风化等营力形成的，以棱角平直的高大石柱林为主，以及深切嶂谷、石墙、天生桥、方山、平台等造型地貌为代表的地貌景观。在张家界世界地质公园区中心部位86平方公里范围内，集中分布了3100多座大小不一、形态各异的峰柱，峰柱高几十米至400米，其柱体的密集度、造型之奇异度、各种砂岩地貌景观的组合有序度、岩石植被、气象因素的色彩鲜明对比度、峡谷与溪流组合的和谐度、地形高低错落相配及各种象形山石景观引人入胜的联想度，都达到了令人赏心、悦目、畅神的最高审美境界。

迈克尔·克罗泽主席这番话相当于就是给"张家界地貌"的颁奖词。当今世界关乎地质景观的评价是否还有出其右者？

张家界籍知名作家、记者赵杰在他的著作《请叫她张家界地貌》开篇语中记载了这一珍贵的历史片段。此外，有关资料还记录了"张家界地貌"的演变过程：

从20世纪80年代末，张家界发展旅游业以来，陆续取得了"世界自然遗产""第一批世界地质公园""第一个国家森林公园""全国文明风景区"等诸多桂冠，是中国风景四十佳之一，短短三十年，张家界一跃成为国内一线旅游城市。

任何一个世界自然遗产地都有其特有的地学价值，张家界旅游传奇般的发展史，正得益于"石英砂岩峰林"这一独有的地貌。随着旅游基础设施及产业链条的充实、完善，张家界旅游正走向深度开发。"张家界地貌"正是这种深度开发的一个重要方面。

而一些国内外地质学家经过多年研究，普遍认为，张家界境内的这种独特地貌，是在某些特定条件的共同作用下，经过亿万年的地质演化形成的，代表的是世界独一无二的张家界地质遗迹资源，这一独特地貌可以统称为"张家界地貌"。

那么，作为张家界地区所特有的这种地貌，能否永远烙上"张

仙境 （邓剑／摄影）

家界"的印迹，成为名副其实的"张家界地貌"？ 2010 年 11 月 11 日至 13 日，通过武陵源区委区政府的努力及国内外地学界对张家界地学价值的高度认同，"张家界地貌"国际学术研讨会暨中国地质学会旅游地学与地质公园研究分会第 25 届年会在张家界召开。国际地貌学家协会主席迈克尔·克罗泽，国际地理联合会地貌组主任盖瑞·布瑞利，中国科学院院士、中国地质科学院研究员李廷栋等 42 位中外权威地学及地貌学家云集张家界。会议期间，海内外专家对天子山、袁家界、金鞭溪、黄石寨等张家界典型地貌区进行了实地考察，并重点对张家界地貌进行了深入对比分析研讨。11 月 11 日下午，在学术研讨会媒体见面会上，中国地质学会旅游地学与地质公园研究分会副会长陈安泽正式宣布"张家界地貌"获得了国际知名地学地貌学专家的认可。

效 果

"在世界上其他很多地方地貌风景非常好看，但没有这么高的科学研究价值；而另一些具有科研价值的地质公园，却没有这么好的风景。张家界世界地质公园兼具美学价值与科研价值，实在难能可贵。我谨代表国际地貌学家协会的所有学者对这次'张家界地貌国际学术研讨会'组委会表示衷心感谢。"

"张家界地质公园内的砂岩地貌特征，在全世界范围内看，都是非常独特的。在其他很多地方，也存在类似的地貌特征，但没有这么鲜明和如此大的规模张家界地貌集美感与科研价值于一身，它理应得到公众的认同。"

——国际地貌学家协会主席　迈克尔·克罗泽

（2010 年 11 月 11 日答《中国日报》记者问）

"张家界地貌"国际学术研讨会对"张家界地貌"进行了界定。研讨会上，参会的国内外地学专家认为，"张家界地貌"具有科学研究、美学观赏、旅游应用三大价值。据专家们讨论研究，"张家界地貌"发育过程完整，从台地—方山，石墙石柱—峡谷演化过程清晰，发育时间因素可测性强，在砂岩地貌景观中具有系统性、完整性、自然性、稀有性和典型性等自然属性，于 1992 年被联合国教科文组织列入《世界自然遗产名录》，2004 年被列为首批世界地质公园。

张家界地貌的奇俊秀美在世界山岳景观中所罕见，被评为中国最美的山岳景观之一。由于其科学内涵丰富、自然生态和美学观赏价值高，张家界成为重要的地质、地理科普教育基地和绝佳的自然游览休闲胜地，每年吸引国内外游客 300 多万人前来考察游览，旅游收入促进了地方就业和经济社会的可持续发展，旅游业已成张家界地区支柱产业。

我国旅游业已走过40多年历程，第一代的景区发展是纯观光式景区，第二代则是娱乐体验型人造景区，而目前第三代集观光休闲度假于一身的复合型景区正在到来。加快旅游产品向观光休闲复合型转变，旅游产业向数量质量效益并重转变，旅游品牌向国际旅游目的地转变，实现旅游的跨越式发展。"张家界地貌"含有极其深厚的自然科学价值和人文审美价值，是推动张家界旅游产品由观光型向观光休闲度假复合型转变的一个重要支点。

"张家界世界地质公园"根本上说，是一块国际性的地学文化招牌。在张家界，1992年取得的"世界自然遗产"对张家界的旅游发展产生了深远的影响力，但"世界地质公园"这一金字招牌，多年来未有实质性的发挥。"张家界地貌"集中外地质学家数十年研究成果，是"世界地质公园"的一次集中发力。它为张家界景区确立了一个新的价值维度——科学。随着"张家界地貌"在国际社会的流通，张家界将在全世界范围内建构起科学价值、美学价值和生态价值这三座高峰。这是张家界的三重奏，是张家界这座新兴的旅游城市源源不断的内驱力和生命力之源，它们将最终建构出张家界在全球旅游城市中的比较优势，成就这个城市与世界级地学价值相对应的宏大梦想。

"张家界地貌"诞生后，有专家认为张家界地学营销已经构成。对此，张家界市武陵源时任区委书记陈红日在接受记者采访时表示，武陵源拥有第一个国家森林公园、世界自然遗产、世界地质公园、国家5A级旅游景区、全国文明风景旅游区这五块金字招牌，张家界是一个成熟的旅游城市，张家界的特异性被世界公认，界定为"张家界地貌"，我们有足够的自信。

据了解，仅网上输入"张家界地貌"关键词后，浏览量为网页1130万个，图片2.87万张，新闻通讯达252个。2021年12月，为促进"张家界地貌"及境外旅游市场发展，张家界市分别与韩国河东郡、美国圣塔菲、日本鸣门市与滋贺县甲贺市、法国艾克斯莱市建立友好城市，有张家界中旅、康辉等9家旅行社相继在美国、英国、新西兰、韩国、越南、泰国等国家设立20家张家界"丝路驿站"。仅2019年接待入境游客人数49万人次，实现外汇收入3.15亿美元，入境客源量不断增加，其市场覆盖98个国家和地区，较2018年增长比例为32.4%。除了韩国占有很大旅游市场份额外，欧美市场也被"张家界地貌"深深吸引了。

张家界地貌

——奇山秀水背后的故事

◇ 任舫

　　每每提到张家界，总是会让人想到那"三千翠微峰，八百琉璃水"，张家界砂岩峰林的美，是一种具有强烈震撼力、摄人心魂的美，初见张家界的砂岩峰林的人们，无一例外都会深深地为它惊叹，也只有如此的独一无二，才会成为好莱坞电影《阿凡达》中的"潘多拉星球"原型地。

　　张家界地貌归属于砂岩地貌，是一种非常独特的类型。它是由巨厚的石英砂岩为成景母岩，并且，这种石英砂岩在后期的构造抬升过程中，一直保持近水平状的抬升，以流水侵蚀、重力崩塌、风化等作用力形成的以棱角平直、高大、密集的石柱林为主的地貌景观。如此密集的石柱、石峰景观，全球罕见。

　　国际地貌学家协会主席迈克尔·克罗泽对它此评价："张家界地质公园内的砂岩地貌特征，在全世界范围内看来都是非常独特的。世界上也存在类似的地貌特征，但没有张家界如此鲜明的特征和规模，集美感与科研价值于一身，张家界地貌理应得到世界的认同！"

　　究竟是一双怎样的神奇之手，造就了这奇绝、秀美的景色呢？李延栋院士认为"张家界这种砂岩地貌，在中国乃至全世界都十分罕见，其形成条件也非常苛刻。"从地貌发育的角度，以下三个条件缺一不可：

物质基础

　　巨厚的石英砂岩，是形成砂岩峰林地貌的物质基础。石英砂岩（Quartz arenite），在岩石分类中，属于沉积岩，是由碎屑沉积形成的。而能形成巨厚石英砂岩的古地理环境，便是浅海或者沙漠地区。

　　化石和地球化学证据表明，张家界的主要成景岩层，便是处

石英砂岩的沉积环境

于浅海海滨环境下沉积下的产物，地质历史时期被称为"中晚泥盆纪"（距今约 3.93 亿—3.58 亿年前期间）。正是这样的古浅海滨海沉积环境中，在此沉积了巨厚的以石英颗粒为主的沙子（古海洋的沙滩），经过后期压实、固结成为巨厚的石英砂岩，这便是张家界地貌的最初的物质基础和成景母岩。其石英含量高达 90% 以上，且其胶结物多为铁质、硅质等，石英和铁、硅质胶结物的化学性质在表生环境下十分稳定，具有较强的抗蚀性。

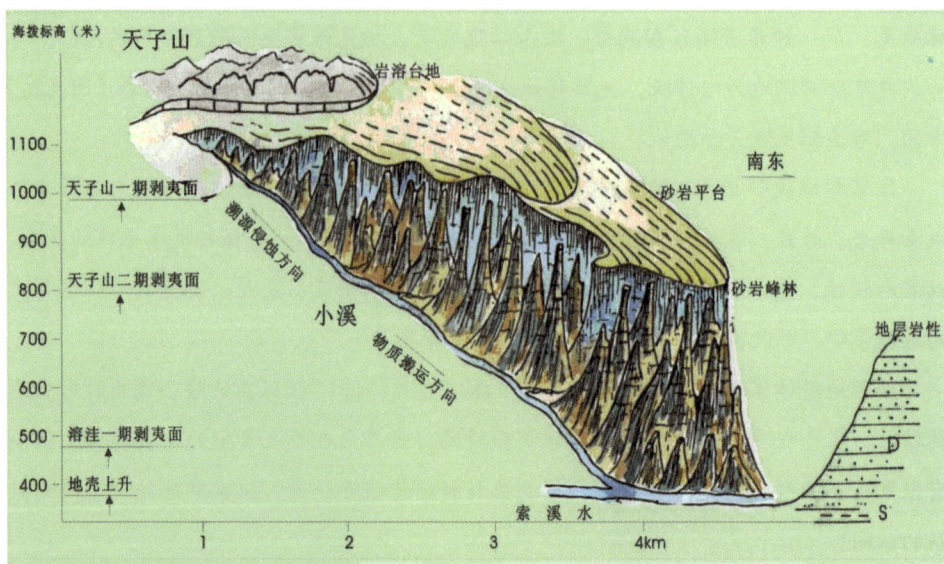

张家界夷平面与峰林、台地示意图（此图来自其他科研论文）

构造条件

特殊的构造部位，是张家界地貌形成的重要因素。岩层受力挤压形成褶皱和断裂，发育张家界地貌石英砂岩峰林的岩层，正好处于一个向斜的核部，石英砂岩的岩层产状平缓，使得岩层之间不易发产生顺层的垮塌，有利于峰柱的稳定，地貌形态得以保存。

新构造运动以来的间歇性抬升。自新构造运动以来，张家界地区间歇性上升，总升幅达 400～500 米，形成四级夷平面。张家界的峰林峰丛从海拔 300 米到 1000 米分四个不同层次，这种分层是地壳在一定的地质历史时期差异化抬升而在地貌中留下的证据！这些巨厚石英砂被抬升后，会形成新的侵蚀模式，从高原到低矮的谷地增加的地势落差，极大地促进了水、重力等外动力对砂岩地貌的侵蚀。

张家界世界地质公园电子高程图

　　构造引起的区域断层节理模式决定了张家界峰林的格局和密度。由于板块运动的巨大应力，张家界石英砂岩岩层十分发育的完全内穿的垂直或近垂直节理，这些密集的断层节理，形成了岩石中的薄弱地带，外力作用（风化、侵蚀、崩塌）会沿着这些断裂的布局、走向进行较快的风化，这就像一位雕塑艺术家，先在创作的岩石上用刀刻好了大致的轮廓，再经过亿万的风霜雪雨，细细打磨，成为艺术精品。

　　处在相对稳定的"克拉通"地块中。自张家界峰林地貌形成以来（第四纪以来，距今约258万年），密集的石柱、石峰能屹立不倒，另一个重要原因便是张家界一直处在扬子克拉通板块内部，所谓"克拉通"就是大陆地壳上"长期稳定的构造单元"，即大陆地壳中长期不受造山运动影响，只受造陆运动发生过变形的相对稳定部分。因而后期张家界形成峰林地貌后，位于稳定的克拉通内部，也决定了张家界地区没有大地震的发生（大地震一般发生在板块边缘，而不是稳定的克拉通内部），据《中国地震动峰值加速度分区图》GB I8306—2001划定张家界地区属弱震区。所以，没有摧毁峰林的大地震灾害，也使得这绝美的景观能被保留下来。

外动力作用

　　塑造地貌的动力是地球的外动力作用，包括太阳、风、雨、河流对岩石的风化、侵蚀和搬运。距今6500万年新生代的"喜马拉雅造山运动"形成了我国现代地貌基本格局。我国三级阶地的地貌格局形成，而张家界地区恰好处于二级阶地向三级阶地的过渡地段，侵蚀基准面下降，当侵蚀基准面下降时，河流的下蚀作用随之而加强，成为外动力雕刻张家界地貌的有利因素。

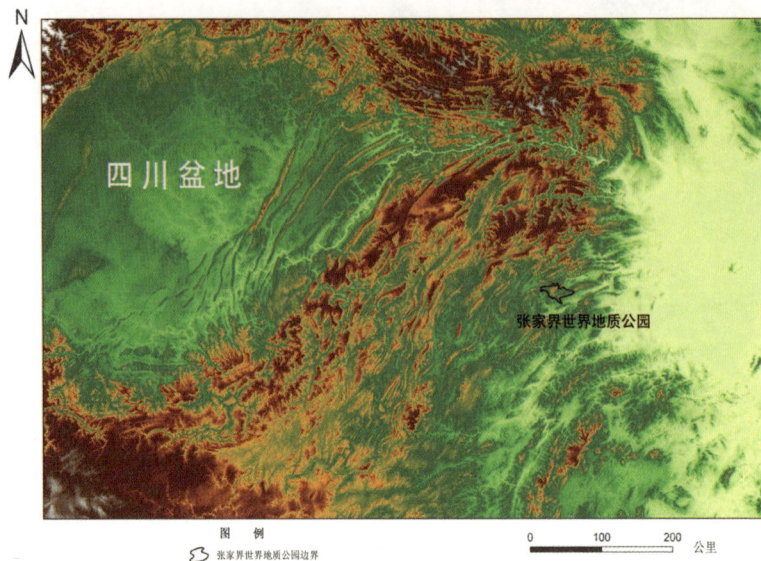

张家界与四川盆地

同时，青藏高原快速隆升，阻隔了季风的回流，我国东部形成了相对独立的季风气候区，加上台风的影响，使得张家界所处的华南地区成为温暖湿润的亚热带季风气候区。丰沛的降水、炎热的环境和侵蚀基准面的下降（意味着侵蚀能力加强）带来地貌发育的良好外动力条件。天然的地形组合与炎热多雨的气候条件，十分有利于区域内地表水和地下水的形成与富集。强烈的流水侵蚀作用（尤其是下蚀作用强烈），使得张家界石英砂岩岩层受到强烈侵蚀，从而提高了张家界地貌的发育程度。

物质基础、构造条件、外动力作用——这三个条件是形成张家界地貌缺一不可的条件，世界上的几个偶然条件正好满足，便形成了张家界这一特殊的地貌类型。张家界地貌的奇迹，就是将偶然变成了必然。

张家界砂岩峰林地质遗迹的形成过程与地貌表现形式，是地球自中元古代以来的演化历史的体现，是珍贵的地质遗迹，并具有国际对比意义。

（本文作者系中国地质科学院副研究员、国际地貌学家协会（IAG）红层与丹霞地貌研究工作组秘书长）

·链接·

张家界地质地貌
近 30 年来的研究成果概况

1981 年，基于实地考察，湖南师范大学翟辅东教授等人在《地理知识》第 5 期上发表《大庸张家界初行》一文，首次对张家界地貌的成因进行了解释，推翻了当时省内外许多媒体把张家界定名为丹霞地貌的论点。

1982 年，中国地质科学院郭克毅教授第一次将"峰林"这一术语引入砂岩地貌中并将此处的地貌定名为张家界砂岩峰林地貌（见《湘西北的砂岩峰林》——《自然杂志》1982 年第 5 期第 375-376 页）。

1983 年，翟辅东教授在《湖南师院学报》自然科学版第 2 期发表了《张家界地质风景资源及其若干问题探讨》，这是以"张家界地貌"为论题在学术刊物登出的第一篇文章。

鉴于张家界地貌的学术影响迅速扩大，1983 年北京科学电影制片厂摄制了科普影片《砂岩峰林》，已故的陈国达院士、黎盛斯教授为影片担任顾问。

1984 年 8 月 31 日至 9 月 7 日，由湖南省地质学会主持在张家界市召开了"张家界、索溪峪风景地质地貌类型现场鉴定会"，来自全国知名的地貌专家 46 人出席，按当时职称有教授、副教授、研究员等高级职称 12 人，8 天会议中就有 6 天安排在野外现场考察。会上专家一致认为张家界地貌是新发现的地貌类型，但就地貌命名问题存在分歧：一类仍主张用"砂岩峰林地貌"命名；另一类也是到会绝大多数专家则主张用地名法命名，至于用什么地名命名则众说纷纭，其中有"张家界地貌""金鞭索溪地貌""索溪峪地貌""云台地貌"等。部分名称的定义发表在《湖南省地质学会会讯》总第十三号、第十四号上，之后有更多的学者以张家界地貌为论题，将文章发表在各类公开出版的学术刊物上。如陈华慧发表了《索溪峪地貌特征及其形成》等。

1985 年 11 月，地质矿产部和国家环保总局在长沙召开首届自然保护区区划和科学考察会议。中国地质学会理事长、中科院院士程裕淇，中国地质科学院院长李廷栋，中科院学部委员陈述彭等 70 多位资深专家、学者对张家界地貌景观给予了极高的评价，就黄龙洞、张家界地貌的形成机制和保护措施发表了精辟的见解，提出了重要的意见，并做出了"关于建立湖南省武陵源地区国家地质自然保护区（或国家地质公园）的专家建议"。

1985 年，英国皇家地质考察队对黄龙洞进行了考察。

1986 年，中国溶洞探险队探察了黄龙洞。

1986 年，湖南省遥感与地质环境中心完成了《武陵源砂岩峰林地质自然保护区区划及科学考察报告》，获部级奖励。

1988 年，翟辅东、熊绍华等人在旅游地学研究首卷论文集——《旅游学刊》（增刊）上发表了论文《一种新型的风景地貌类型——张家界地貌》，这是"张家界地貌"作为地貌学专业名词第一次出现在正式学术刊物上。

1991 年，湖南师范大学陈长明教授等人在《热带地理》发表《试论张家界柱峰砂岩地貌》；陈国达院士发表《武陵源峰林地貌的成因及其开发与保护》（《地理学与国土研究》，第 9 卷第 3 期，第 1-6 页）。

1992 年 5 月 7 日，国际自然与自然资源保护联盟（IUCN）世界遗产验收委员会高级顾问桑塞尔博士与卢卡斯博士，受联合国教科文组织的委托，考察公园自然资源。认为公园保持了"几乎原始的亚热带风景、生态环境、生物环境及其生态系统"。同年，联合国教科文组织批准武陵源列入《世界遗产名录》，并且郑重指出："列入此名录说明此文化自然景区具有特别的世界性的价值，因而为了全人类的利益，应对其加以保护。"

1993 年，苏信初等人在《国土资源遥感》发表了《遥感技术在张家界砂岩峰林地貌成因研究中的应用》。

1994 年，陈长明教授再次提出了《关于建立"张家界柱峰砂岩地貌"类型的探讨》。

1995 年，长沙水利电力师范学院周中民教授在《热带地理》发表了《张家界砂岩峰林一种新型峰林——武陵源石英砂岩峰林》。1997 年，翟辅东等人在《山地学报》发表了《张家界地貌风光及其产业导向》。

2001 年，詹庚申在《江苏地质》发表《风景独特的张家界砂岩峰林地貌》。

2002 年，河北省地理研究所吴忱等人在《地理学与国土研究》发表《张家界风景区地貌的形成与演化》；刘德镒在《地球》发表了《张家界砂岩峰林》；李云镜在《走近科学》发表了《张家界地质公园系列——独一无二的张家界砂岩峰林》。

2003 年，周学军在《云南师范大学社会科学学报》发表了《张家界旅游资源特色与可持续发展》。

峰迷张家界　（邓昌勇／摄影）

2005 年，唐云松等人在《山地学报》发表了《张家界砂岩峰林景观成因机制》。

2006 年，黄林燕等人在《安徽师范大学学报》发表了《张家界岩性特征对峰林地貌形成的影响研究》。

2011 年，平亚敏发表硕士论文《张家界地区层状地貌研究》；平亚敏、杨桂芳、张绪教等人在《地质论评》发表了《张家界砂岩地貌形成时代：来自阶地与溶洞对比的证据》。盖里·布赖尔利、黄河清、陈安泽等发表《地貌和地质保护：关于中国张家界砂岩景观的贡献和争议》。(Earth Surface Process and Landforms, 36, 1981 - 1984)。

2013 年，师长兴和齐德利在《古地理学报》上发表了《湖南张家界溇水河谷与流域形态特征及其地貌意义》。

大湘西，
一个半小时经济圈的构成

早在 20 世纪 80 年代，原大庸县、桑植县属于湘西自治州管辖，而慈利县归常德管辖。因为旅游业开发需要，经国务院批准将分属于两个地区的大庸县（现为永定区）、桑植县、慈利县合并成立大庸市。1994 年，大庸市更名为张家界市。行政关系虽然调整，而山同脉、水同源、人同宗的大湘西因为旅游发展而融合。2002 年 1 月 1 日，张家界黄龙洞投资股份有限公司以 8.33 亿元获得凤凰古城八大景区景点的 50 年经营权，实现了被业界称赞的"龙凤联姻"。后来，以叶文智为代表的黄龙洞投资股份有限公司进而"拓疆扩土"涉及怀化市洪江古商城、邵阳市崀山、常德市夹山寺等景区开发与经营，一个大湘西旅游格局也初步形成。

过　程

2019 年，刚刚上任不久的张家界市文化旅游广电体育局党工委书记、局长邓剑与时任局党工委委员、副局长曾韦栋等一行人出席由轮值主席湘西州文化旅游广电局组织召开的"张吉怀"旅游联盟工作会议。邓剑、时荣芬、张娟等对于促进张吉怀旅游联盟的相关工作进行讨论并研究出台了一系列市场共推、信息互通、资源共享等办法。最后大家一致决定编辑、出版《走玩大湘西》一书。

"张吉怀"旅游共同体工作座谈会

于是，从桃花源到武陵源、老司城、里耶、八面山、怀化洪江古商城、黔阳古城、雪峰山以及邵阳市的崀山等，采编人员通过实地考察与资料征

走玩大湘西手绘图

八大公山

壶瓶山

江垭温泉度假村

城头山

焦柳铁路

黔张常高铁

贺龙故居与九天峰峦景区

红二方面军长征出发纪念馆

九天洞

武陵源核心景区

大峡谷

五雷山

万福温泉

茅岩河

温水

乌龙山大峡谷

宝峰湖

黄龙洞

G5513

G55

柳叶湖

S99

老司城

七星山

天门山

G5515

G56

常德市

里耶古镇

S10

张家界市

G56

桃花源

芙蓉古镇

德夯矮寨大桥

沅

沅陵

G56

黔张常高铁

江

G56

G55

湘西州

G65

凤凰古城

张吉怀高铁

G65

S70

雪峰山

芷江风雨桥

怀化市

黔阳古城

G60

邵阳市

洪江古商城

G65

S86

通道转兵纪念馆

崀山

焦柳铁路

大湘西 （图片选自《走玩大湘西》）

集，历时一年多时间，在常德、张家界、湘西、怀化、邵阳五地文化旅游行政管理部门共同支持下终于出版发行。据了解，《走玩大湘西》与省文化旅游厅推出的"大湘西之旅"有关旅游线路是完全吻合的。

一本书是一种载体，是区域旅游融合发展的重要标志。吉首大学教授张建永高度称赞《走玩大湘西》所体现的是一种大格局。为了将大湘西线路整合推广，张家界市文化旅游广电体育局率先推出了"大湘西精品旅游线路"涵盖了五地精华景点，供全国各地旅行商"采购"。2021年，张家界市旅游营销小分队在重庆、四川、云南等地发布产品线路后受到客源地市场欢迎。

《张家界日报》旅游周刊关注报道

以武陵源世界自然遗产和老司城世界文化遗产为代表的大湘西旅游随着高铁时代的到来，以一个半小时内行程的旅游经济圈逐步形成。在疫情防控期间，跨省旅游没有完全放开，而周末的周边景区，观光与度假、休闲、研学、自由行不断兴起。早在2020年，"张吉怀"旅游联盟轮值主席怀化市文化旅游广电局组织在长沙市中心以及地铁等多处开展丰富多彩的旅游推广与民族风情展示，受到人们的广泛关注。

效　果

　　一本书、一条精品旅游线路、一个广大的旅游联合体；从产品结构差异化，品牌推广集约化，合作共赢而力求利益最大化。大湘西区域旅游发展充分体现了张家界作为湖南省旅游龙头的引领作用。

　　大湘西区域旅游发展拉近了兄弟地区的情感。2021 年，张家界遭受疫情困扰时，湘西自治州以最短的时间为张家界市送上二十辆卡车的生活物资，从而出现了"湘西酸萝卜与张家界三下锅打平伙"的美谈。后来，凤凰与张家界有南路、北路阳戏交流，民间友好往来不断。

同意编辑《走玩大湘西》的复函

　　大湘西旅游融合发展拉动了人才、资金的流动效应。怀化雪峰山旅游公司负责人陈黎明认为张家界旅游经营管理人才输出让后发地区不断提升了管理水平，而雪峰山旅游公司适时进入张家界带动度假、休闲、康养等产品的开发。

　　内引外联，良性互动，也是一种可借鉴的营销模式。

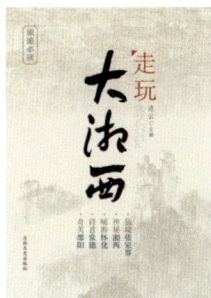

寻美张吉怀　邀约潇湘客

大峡谷旅游创新产品
就是最好的营销

[**核心观点**] 从项目创意的提出、策划执行，到项目建设落地，张家界大峡谷景区坚持"从产品策划就介入旅游营销"理念，无中生有"造梦"玻璃桥，坚持产品策划与营销的同步进行，充分利用主流媒体和社交媒体，不断制造悬念和爆点，以"刺激""惊险""震撼"项目特色占据媒体头条，在万众瞩目的期待中层层推进，成功地培育了游客与产品之间的情感互动，有效地提升了旅游产品的知名度与市场占有率，最终"圆梦"成功，打造了一个展现中国智造、中国文化的文体旅融合为一体的世界级景区 IP。

背　景

张家界大峡谷景区位于张家界市慈利县三官寺乡，最初规划总面积 56.19 平方公里（现调整为 22 平方公里），距离张家界市区 59 公里，距离慈利县县城 67 公里。最初主要是开发悬丝洞，因受多种因素影响，迟迟无法正常营业。

2005 年，从事房地产业的陈志冬先生第一次来到张家界考察旅游资源，准备进军旅游行业。2006 年，在走遍了所辖 56.19 平方公里区域后，最后确定在烂船溪开发"张家界大峡谷"。

一开始，景区发展并不如意，甚至一度亏损。为了打响景区名气，陈志冬把广州的房子全卖了，加上积蓄，共投了 2000 万元，在全国各省主要城市挑选至少 5 家有影响力的旅行社推介张家界大峡谷产品，基本保证了景区的收支平衡。但是，仅仅收支平衡，远不能达到陈志冬的要求。

从接手大峡谷景区开始，陈志冬就一直在思考：毗邻热门景区的张家界大峡谷，如何在同质化的竞争中走出与众不同的路？经过一番认真思考和市场调研之后，陈志冬得出一个结论：让世界看见，必须得是世界级的景区！

有了这个战略思考之后，陈志冬将目光从大峡谷里拉出来，投向众多世界级景区。

张家界大峡谷玻璃桥

"云天渡"玻璃桥

美国科罗拉多大峡谷的 U 形玻璃平台给了他启发，他开始琢磨着在峡谷之间建设一座全透明的人行玻璃桥。但是如何在跨度 400 多米、相对高度高达 300 多米的大峡谷之上，克服重重困难设计并建造这样一个难度系数非常高的桥梁，这样的桥梁在中国没有，在世界也罕见。

在对全世界建筑设计师进行搜索之后，以色列馆"海贝壳"的设计者、以色列建筑设计大师渡堂海（音译）进入了陈志冬的视野。2010 年，在上海世博会上，陈志冬与渡堂海相见。

2010 年的上海世博会与渡堂海的牵手，成了张家界大峡谷发展的一个拐点。

这次相见，两人关于桥梁设计的理念不谋而合，言谈之间大有相见恨晚之感。随后，陈志冬多次邀请渡堂海到张家界大峡谷景区实地考察，逐步形成了设计理念：用"大音希声、大象无形"的概念，在张家界大峡谷景区建成一座无形的桥、开放的桥、友谊的桥、大爱的桥，将中国传统文化和美学融入桥梁设计中去。

不久，渡堂海开始进行玻璃桥的外观设计工作。其间，以陈志冬和渡堂海为代表的两个团队，大胆地想象，通过考察、设计、分析等无数次的碰撞，形成了"一座看不见的桥""大音希声，大象无形""人造景观不能喧宾夺主""中华文化，国际理念"等诸多关键词，它们在碰撞、裂变、再生、融合之后，以一种惊世骇俗的方式，流淌在了渡堂海精雕细琢的设计线条上，产生了奇妙的化学反应，构建起了一个奇诡的世界。

最终，一个基于中华文化梦想设计、脱胎于伟大创意的"透明、隐形、薄如蝉翼却十足震撼"的张家界大峡谷玻璃桥跃然纸上。

2012 年开始，张家界大峡谷玻璃桥开始转入桥梁结构设计、选材、试验等程序（注：玻璃桥由中铁大桥勘察设计院进行结构设计，由中建六局施工，10 多位院士参与建设，其中主持张家界大峡谷玻璃桥安全评审的著名防护工程专家、中国工程院院士钱七虎荣获 2018 年度国家最高科学技术奖）。2014 年下半年，张家界大峡谷玻璃桥正式开工建设，并于 2015 年 11 月底顺利通过专家安全评审。同年 12 月 3 日，张家界大峡谷玻璃桥成功合龙。2016 年 8 月 20 日，张家界大峡谷玻璃桥成功试运行，并开始接待中外游客。

过　程

从设计方案的提出到建设，张家界大峡谷景区围绕"玻璃桥营销"走出了一条迥异于其他景区的营销之路。它是中国乃至世界少有的"无中生有"且诞生于"一个梦想"的伟大作品。在营销方面，张家界大峡谷景区的主要做法，就是根据产品的建设周期，充分发掘其品牌核心，不断强化、深化、升华设计对象的特点，成体系地用受众喜欢接受的方式传播出去，不断刺激人类感官世界，尽可能地"黏吸"到中外游客，最终完成让品牌自己说话。纵观张家界大峡谷玻璃桥的营销，主要经历了以下几个阶段：

纸上划梦：反复宣扬新奇特

从设计开始，也就是说从项目还停留在纸面上时，张家界大峡谷景区围绕玻璃桥就为大众规划了"一个梦"，将"刺激""惊险""震撼"作为玻璃桥项目自带的内容进行设计。在策划者视野里，要让这个项目"娘胎"里就带着话题出生，天生就带有"网红"光环。要利用人们前所未见的体验项目、差异化的主题定位来满足游客在出行游玩时的猎奇心态，使人们对景观对象"玻璃桥"产生强烈的吸引感，帮助项目取得实际成功。

围绕着这个思路，在"玻璃桥"尚未正式诞生前，大峡谷景区就已经找好了新产品的"魂"，明确了筑"梦"的方向。开始尝试构筑话题，不断凭借效果图、"阿凡达取景地"影视 IP 蹿红网络，巧妙地将"世界最高最长的玻璃桥"形象植入消费者的心中，不断强化它的新奇特，营造出"世界唯一""世界最长""世界最震撼"的产品形象。并通过媒体，不断释放项目设计和建造阶段的具体信息，告诉这个梦想不是天方夜谭，而是可以创造成功的梦想，从而逐步将受众视线吸引到玻璃桥这个"梦"上，成功地挑起第一阶段的营销。

共同造梦：互动合作增黏性

在成功挑起公众的注意力之后，通过建造玻璃桥，张家界大峡谷景区为公众"造梦"，并用"十项世界第一"进行了描述：世界最长的玻璃人行桥；世界最高蹦极台；世界最陡溜索；世界首座空间索面大张开量（张开量超过6倍）索桥；世界首座以玻璃作为主受力结构的大型桥梁；世界主梁高跨比最高（1：625）的桥梁；世界首座超大跨度而没有抗风缆的悬索桥；世界首座玻璃承重最重的桥梁；世界首座同时采用电涡流阻尼、水阻尼、螺仪电动减振阻尼等各种措施保证人行舒适性的桥梁；世界最柔、舒适性最好的桥梁。

紧紧围绕这些产品特色和品牌核心，张家界大峡谷景区不断强化、深化、升华设计对象的特性，很好地利用了新媒体传播特点设计话题，打造了一个又一个热点事件，用较少的成本，换来极大的曝光。最具表征意义的，就是"一字一万"的征名活动。这个活动的开展，不仅调动了海内外受众参与的积极性，极大地扩大了影响力，收获了千奇百怪的玻璃桥名称和话题热议，还拥有了一批长期关注张家界大峡谷的忠实"粉丝"——所有参加起名活动的16万人，都可以成为景区尊贵会员，享受终生免费入园的待遇。如果之前的征名活动只是打响知名度，这个活动厉害之处在于把这16万参与者绑定住了，把他们变成有极大可能去景区旅游的顾客。通过简单地取名，带动数百万受众一起"造梦"，绑定大批潜在顾客，这一做法堪称经典。

公开验梦：暴力展示工程质量

通过征集活动，有了"云天渡"这个名称后，张家界大峡谷玻璃桥项目在受众中树立起了初步品牌形象。但此时，作为一项科技含量很高、体验感刺激和前卫的旅游产品，如何让大家从"虚"的感性状态，转为前来游览的实际行动，中间还存在一个巨大鸿沟，还需要新的助燃剂。

摆在张家界大峡谷景区面前的一道难题是：大多数游客还只是抱着看热闹的心理，存在"想来又不敢来""如何来"等产品认知障碍。解决"如何来"等细节问题比较容易，但要解决受众"想来又不敢来"、让他们认可玻璃桥质量、敢于过来尝试，还是颇具挑战性的。

同时作为一个运用了大量高科技的现代玻璃桥梁，如果运用传统思维模式营销，无疑要用大量繁琐的术语进行解释，这样做的效果会很差。张家界大峡谷景区采取的策略是：暴力捶打或者碾压玻璃，并现场直播！为此，一是邀请英国资历丰富的媒体人西蒙斯，在玻璃桥上挥舞大铁锤连续"暴力"捶打玻璃，通过现场直播展示玻璃的坚固程度；二是将 2 吨重的越野车在桥面玻璃上来回碾压，同时现场邀请 20 多人猛砸玻璃。通过极具暴力美学的体验活动，张家界大峡谷向亿万观众直观地展示了产品质量和形象，"验证"了梦想已经在现实生活中得到构筑，让景区品牌的价值和魅力真正得以体现，成功地搭建了中外游客信任、信心的桥梁，为后续游客前来游览体验扫除了心理障碍。

"暴力"捶打玻璃

当"云天渡"玻璃桥从想象世界走进现实且在公众之间迅速传播之际，张家界大峡谷景区的脚步并没有停下。围绕着玻璃桥这个核心 IP，景区进一步开展饥饿营销和各类事件营销（2016 年沃尔沃 XC90 挑战玻璃桥、2018 年广东卫视"勇者荣耀"张家界大峡谷玻璃桥花式蹦极大直播、2019 年无人巴士人体悬浮魔幻秀、湖南经视《峡谷向前冲》直播、2021 年上汽荣威 I5 盲驾穿越张家界大峡谷等活动），玻璃桥开业时间也一再推迟，吊足了关注玻璃桥游客的胃口。并且在开业之初创新景区管理模式，在国内最先开发实名制、网上预约、网上支付、总量控制、分时段入园的售检票系统，实行现场不售票等方式。多管齐下之下，2016—2018 年出现了一票难求、一张 259 元的"大峡谷 + 玻璃桥"门票炒到 1600 多元的局面。

权威证梦：权威机构颁发品牌

旅游品牌的缔造，离不开权威机构的认证。利用各类营销事件"霸屏"之际，张家界大峡谷景区趁热打铁，立足于"十项世界第一"和工程质量，申请 20 多项专利，同时一鼓作气地向权威机构提出申请，让中国和世界级机构认定甚至主动为其颁发证书，一举奠定其在该领域的"世界级品牌影响力"。

这些荣誉包括但不限于：被吉尼斯世界纪录认证为"世界最高人行桥"并作为少有的中国元素入选《2019 吉尼斯世界纪录年鉴》；CNN（美国有限电视新闻网）将其列入世界上 11 座最壮观的桥之一；被评为"2016—2017 年度国家优质工程奖"；在 2018 年 6 月第 35 届世界桥梁大会上荣获被誉为桥梁界"诺贝尔奖"的唯一创新性奖项"亚瑟·海顿"奖。这些荣誉孤立地看可能起不到明显的商业效果，但当它们连在一起之时，就具备了非凡的品牌效应，即整个世界都认可了"云天渡"玻璃桥在该领域"独一无二"的地位。这样的品牌赋能，是花多少广告费都难以购买到的。

张家界大峡谷

效　果

实践证明，张家界大峡谷玻璃桥的营销独特而成功，通过"纸上划梦""共同造梦"等流程操作，让创新型旅游产品自己说话，产生了巨大的品牌效应，赢得了市场青睐，带动了旅游产业乃至周边产业的发展。著名经济学家厉以宁考察云天渡时对此评价："大峡谷玻璃桥项目是新时期张家界推出的旅游供给侧改革的新创意、好产品。"

品牌效应

从 2012 年至 2019 年，张家界大峡谷玻璃桥项目从前期培育市场启动的"饥饿营销"，到玻璃桥"一字一万，全球征名""车碾锤砸承重测试"等活动与事件营销，引爆了全球市场，吸引了新华社、中新社、CNN（美国有线电视新闻网）、BBC（英国广播公司）、哥伦比亚电视台、朝日新闻等国内外众多媒体的广泛关注。根据微舆情数据统计，2017 年张家界全网信息量达到 398.38 万条，而关于张家界旅游的有131.36 万条。其中张家界玻璃桥的相关信息达到 81 万条，占整个张家界旅游信息量的 62.15%。其间，BBC 专题节目《Designed in China（中国设计）》刷爆社交媒体。哥伦比亚广播撰文称其为："世界最高最长玻璃桥成为中国力量的象征。"被西方媒体誉为"中国制造中国创新的典范"。

历经 10 年的品牌积淀，张家界玻璃桥几乎以"一桥"之力撑起了整个张家界大峡谷景区，使得景区品牌知名度、美誉度迅速提升，稳健地跨入了张家界"三大景区"行列。

市场效应

"云天渡"玻璃桥将旅游与科技完美结合，带来了显著的社会经济效益。其旅游购票人数由 2014 年的 50 万人次上升至 2017 年 382 万人次。据不完全统计，从云天渡玻璃桥投入市场以来，累计接待游客人数 1240 多万人次，产值累计达到 19.89 亿元，累计上缴各种税费 5 亿多元。湖南省旅发委原主任陈献春曾表示："张家界大峡谷玻璃桥近年来井喷式的游客增长已经赶超核心景区武陵源和天门山，相当于重新再造了一个武陵源和天门山。"

富民效应

通过打造玻璃桥这一核心旅游产品，张家界大峡谷发展景区商铺 100 多个，周边和景区内建成营业客栈餐馆 93 家，直接间接带动近 4000 人从事旅游服务业。景区周边村通过旅游资源费、土地流转费和旅游商铺出租费分成，每年增收 800 多万元。2017 年景区商铺拍卖收入 1348 万元，其中 40% 直接分红给大峡谷村、太华山村民，仅此一项，促进村民人均增收 1750 元，高出全乡人均增收 2.1 倍。景区周边水车坪、朱垭、栗树垭、吴王坡 4 个贫困村相继脱贫。

头雁效应

"云天渡"玻璃桥成功之后，兴建玻璃栈道成为各地景区的一大风潮，从 2018 年开始，每年新增的玻璃概念旅游产品数量都在百条以上。据不完全统计，目前全国的玻璃栈道、吊桥、观景平台的数量已经超过 2000 个。在张家界大峡谷景区内，继玻璃桥之后，景区正全面提质升级，不断丰富和开发新的旅游产品，玻璃滑道、高空滑索、彩虹湖游船、爱享飞 VR、雕塑电梯、攀岩、飞拉达、高空蹦极等体验项目已对外开放。景区围绕极限运动的产品核心，朝着"旅游 +"的文体旅融合新业态进军，并通过创新管理，创新服务，加快创建国家 5A 级旅游景区的进程。同时，其所在区域加快了禾田居山谷、路上汽车酒店、冰雪世界等数十个项目建设落地，促进了山地运动主题乐园、复华文旅、温得姆酒店等意向项目的洽谈签约。

（本文图片由大峡谷旅游公司提供）

玻璃滑道、高空滑索、彩虹湖游船、攀岩、飞拉达、高空蹦极等旅游新项目

民宿旅游
为张家界揽客"引流"

背 景

2021年2月25日，中国向世界郑重宣布：中国作为世界上人口最多的国家已经消除了千年的绝对贫困。

2019年4月26日，时任张家界市人民政府副市长欧阳斌在"2019·张家界民宿旅游年"新闻发布会上称："张家界民宿产业在全域旅游发展的推动下，摸索出了旅游扶贫、旅游景区扶贫、旅游商品扶贫、旅游就业扶贫等旅游扶贫模式。旅游对扶贫的贡献率达到40%以上。其中仅民宿业安置约4000名乡村人员就业，带动4.8万人脱贫致富。"作家罗长江的纪实文学作品《石头花开》全景式描述了旅游扶贫"武陵源模式"及五号山谷创始人陈玉林——民宿业里程碑式的人物。

旅游转型提质是张家界市的一道重要命题。民宿旅游打破了原有的单一观光型旅游模式，构造了观光与度假、休闲相结合的新业态。

据有关资料显示，截至2018年年底，张家界拥有1280家成规模的民宿，拥有床

2019张家界民宿旅游年新闻发布会

张家界

民宿旅游

随着旅游业发展，民宿作为新业态出现，它不同于一般意义上的客栈与酒店，不仅仅是住的概念，其具有一定的文化特征与民候、民风、民情融合在一起，它几乎涵盖了吃、住、行、游、购、娱旅游的六要素，于是既借助旅游大产业而派生，以不断演绎成为一种新型的产业，尤其是近年来在张家界发展成为「民宿旅游」。

张家界市文化旅游广电体育局

位 3 万多张，达到 1200 万人次 / 年的住宿消费市场份额，构成了武陵源、天门山、大峡谷、东线、西线等民宿产业新格局。

"住民宿，品民俗，看绝版山水，享绿色生态。"张家界市举行"2019·张家界民宿旅游年"系列活动，并向全世界发出了邀约。与此同时，由市人民政府主办的"张家界民宿集群高层研讨会"与"精品民宿免费试睡""十家精品民宿百万年薪招掌柜"等一波张家界民宿旅游的福利释放。此外，还相继推出了《张家界市民宿客栈标准》《张家界民宿业发展报告》《张家界民宿旅游》（宣传册），开展"我行我宿"网络大咖探访张家界民宿与"最美民宿"评选等系列活动。民宿旅游与张家界自然山水一样受到广大旅游者的欢迎。

过 程

"好产品也要勤吆喝。"为了招徕客人，一千多家民宿主以"八仙过海，各显神通"之势，开展丰富多彩的营销活动，从而通过线上线下产生了"民宿旅游"热效应。

作为张家界民宿业引领者，五号山谷民宿业主陈玉林率先启动"农耕文化"与豪车驾行体验活动。他还两度与中央美术学院合作，组织画家"写意张家界"。有知名美食家左壮先生以创意菜品吸引客人的眼球和味蕾；灵魂舞者韩松巍在山谷中迎风起舞，诗人余秀华、刘年、网络小说大神徐公子胜治等在五号山谷挥洒才情；芒果 TV 在五号山谷录制亲子真人秀《宝贝的新朋友》，中央电视台 CCTV-7 频道科技苑栏目《镇·守》录制节目。随着网络发达，陈玉林与妻子刘艺创立个人与公司的微信与抖音发布平台，仅抖音号有粉丝近 80 万人，公司每天坚持抖音直播一小时，陈玉林个人直播平均为每天两小时，其访问量一年高达 1.8 亿人次。2019 年，张家界五号山谷入围抖音"最

"五号山谷"谷主陈玉林与夫人刘艺利用网络直播宣传张家界旅游

受欢迎旅宿 TOP10"。同年，还被评为上海"中国最具影响力美宿新经济五十强"。

在品牌运营上，梓山漫居的负责人杜勇一直坚持以品质谋发展，以服务赢口碑的企业发展理念。2020 年 5 月，他邀请携程集团创始人梁建章到梓山漫居进行 BOSS 直播，大幅增加曝光度和知名度。至今仍不定期参加携程 BOSS 直播，其线上平台携程网订单大幅增长，各项排名常年领先，浏览量每年更是多达 60 余万次，并多次获携程大奖。此外，还通过璞缇客、赞那度、微信公众号等平台做线上推广。

线上的推广与线下的运营相辅相成，通过各平台的传播，梓山漫居让更

湖南卫视《时光音乐会》拍摄地：张家界梓山漫居

多人熟知。2019 年梓山漫居引来了芒果 TV 的重磅综艺《妻子的浪漫旅行》，该栏目由谢娜、霍思燕、杨千嬅、李娜四队明星夫妇出演。他们在梓山漫居品尝了当地的美食，也体验了漫居式的田园慢生活。节目播出后反响热烈，梓山漫居也顺势推出了明星同款出游线路、同款农耕体验，使客人的体验感明显增强，尤其是推出的明星同款套房"秋野漫居"更是一房难求。

随着梓山漫居的日趋成熟，在 2021 年湖南卫视大型音乐节目《时光音乐会》正式落户梓山漫居录制，参与节目录制的明星有谭咏麟、廖昌永、腾格尔、张杰、李克勤、凤凰传奇、林志炫、任贤齐、郁可唯、许茹芸、汪苏泷等数十位观众朋友耳熟能详的歌手。节目在每周五晚湖南卫视的黄金档播出，一经播出就夺得收视第一的好成绩。梓山漫居也推出了明星签名照的盲盒抽奖、节目录制场景打卡活动，还增加了梓山漫居独有的"时光音乐厅"等产品。

紧随着《时光音乐会》的脚步，芒果 TV 由吴昕、傅首尔、大张伟、吴克群等出演的情感类综艺节目《春日迟迟再出发》也在梓山漫居成功录制。梓山漫居还承接了各项商务活动，如：奔驰、宝马 MINI、讴歌、国窖 1573、万科等知名公司的推广宣

张家界镜立方民宿成为网络关注热点

张家界阳戏进民宿

传活动，大大地提升了张家界与梓山漫居民宿的知名度。

旅游营销需要创意，也离不开折腾。作为资深旅游人龙武将镜立方民宿不断打造成网红打卡地。位于第一个国家森林公园——张家界公园所在地的镜立方相继四次被中央电视台作专访报道。此外，还成为湖南卫视《父子对对碰》与乌克兰综艺《双面人生》拍摄地。为了应对疫情，龙武策划与举办"荒野求生"等系列活动，吸引了10多个省市的选手到张家界挑战参赛，其短视频播放的关注浏览量达1亿人次，镜立方曾被抖音官方公布为全国民宿排行榜第一位。

"仙境张家界，民宿冠全球。"张家界民宿旅游业通过当地政府主导，行业组织引领，民宿主不断探索创新与输出品牌，从而形成了独特的营销模式。

效　果

"国内流量变化凸显休闲度假需求趋势，张家界市在2019年民宿旅游接待人数约为300万人次，且拉长了过夜时间，平均度假时间为3天。而民宿旅游投入宣传经费据不完全统计达1000万元以上。"张家界市旅游协会民宿分会会长陈玉林如此说。另据张家界市旅游协会民宿分会副会长宋永松、赵瑜等有关人士经过调查后所提供的资料显示：民宿已经成为张家界旅游的一张新名片。2019年，张家界民宿客栈接待国内外游客总人数约119万人次，营业收入约12亿元，其中99%来自OTA（在线旅游）平台和自媒体平台。

疫情期间，有部分民宿却脱颖而出，只要不出现封城封路的情况，这些民宿总是能快速复工，客流不断。这其中以五号山谷、梓山漫居、回家的孩子、栖漫、远方的家、镜立方、大庸秘境为代表。究其原因，我们发现，这些民宿已经开始摆脱对于传

统渠道和 OTA 的依赖，来自新媒体平台如抖音、小红书等的订单已经占了其总订单的 70% 以上，有些甚至高达 90%。

传统的 OTA 平台如携程，更多的是满足客人意向搜索的刚性需求，而如抖音这样的新媒体平台无论是从感观冲击，还是对于民宿美好生活的展示，均远远优于传统 OTA 平台，在不断创造和刺激游客新的需求。通过自媒体平台的全方位展示，张家界民宿已经不再是张家界国家森林公园、天门山等景区的附属住宿产品，反而成为反哺张家界旅游流量的平台。据不完全统计，现在入住上述这类民宿的客人，来张家界都是被民宿自媒体平台的视频吸引过来，就想在民宿住几天，发发呆，也看看风景。

目前，张家界差不多 80% 的民宿都建立了自己的自媒体平台号，每年在抖音上视频浏览次数超过 8 亿以上。上述提到的几家民宿，在疫情期间一直坚持打造自己的自媒体平台，通过不定期举办一些活动来吸引游客种草。如五号山谷举办的"春耕文化节"、梓山漫居承办"时光音乐会"、镜立方举办的"荒野求生挑战赛"等吸引了很多线上朋友种草；回家的孩子通过邀请网红达人景区＋民宿攻略的探店模式，2021 年 6 月在抖音平台热度达 9800 万，排名全国第五，当月线上预售达 50 多万元；栖漫通过自营民宿抖音平台的模式，在 2021 年 10—11 月期间长期占据抖音湖南民宿人气榜第 1 位，"双十一"期间通过抖音直播方式，3 分钟秒售 50 多间客房，现在栖漫的客人有将近 80% 都是通过抖音慕名而来。

全方位，多角度，以创新方式宣传民宿旅游的同时，也为旅游目的地张家界进行"引流"。

张家界与《阿凡达》

詹姆斯·卡梅隆，享誉世界的好莱坞著名电影导演，1954 年出生于加拿大，擅长拍摄动作片以及科幻电影，1984 年因推出自编自导的科幻片《魔鬼终结者》而一夜成名。1997 年，他执导的电影《泰坦尼克号》取得了 18.4 亿美元的票房，打破全球影史票房纪录，在第 70 届奥斯卡金像奖上获得了包括最佳影片在内的 11 个奖项，其本人凭借该片获得了奥斯卡奖最佳导演奖；2005 年，卡梅隆被英国杂志《Empire》评为"世界最伟大的 20 位导演之一"。

2009 年 12 月 23 日，卡梅隆首度来到中国，在北京亲自"吆喝"其蛰伏 11 年、耗资 5 亿美元打造的最新力作——3D 电影《阿凡达》。当天，卡梅隆在首映式上向与会记者揭秘《阿凡达》中的诸多亮点，他一方面称首次使用 3D 技术希望用《阿凡达》重新点燃观众对大荧幕的热情，一方面指着《阿凡达》电影海报上的"悬浮山"（原型实际为张家界）坦言这一景色的创意来源于黄山："哈利路亚山确实很中国，因为灵感来自黄山，我们只是把黄山抬到了空中而已。剧组还专门派人到中国采景，最后组成动画。虽然我至今还未来得及去那里看看，但拍完电影后，我觉得我去过了，有种身临其境的感觉。"

电影《阿凡达》海报

《阿凡达》与张家界

过　程

张家界《阿凡达》借势营销事件，主要经过了"炮轰导演""悬赏10万""景点更名"三个阶段。"炮轰导演"揭开了整个事件的序幕，"悬赏10万"带动了整个事件的发展，"景点更名"则将整个营销推向最高潮。

炮轰导演

2010年12月29日下午2时许，张家界市武陵源区旅游局宣传促销科工作人员、电影爱好者毛坚坚，用QQ给黄龙洞投资股份有限公司宣传专干、张家界"土记者"邓道理发了几张《阿凡达》的电影海报，说海报中的山头很像张家界。邓道理看了图片后，也说很像。毛坚坚说虽然像，可是导演卡梅隆却在北京首映式上说是黄山。他们便一起商量要找出张家界和《阿凡达》海报中一模一样的山，然后把真相向世界说出来。

邓道理凭着第一直觉，认为这座海报中的山峰应该在家乡的袁家界一带。于是他翻出自己2008年湖南旅游节期间拍摄的袁家界山峰图片，把相似的几张发给毛坚坚辨认，大约5分钟之内便确认一根独立的山峰即乾坤柱就是《阿凡达》"悬浮山"哈利路亚山原型。欣喜若狂之余，他们觉得这是一次借助大导演大电影宣传张家界的大好机会，于是决定立即公布真相。

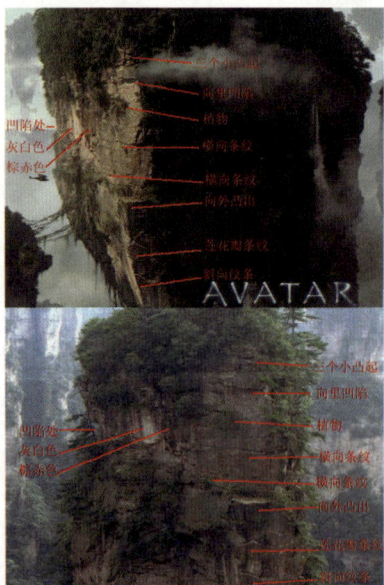

乾坤柱VS"悬浮山"哈利路亚山原型

怎么公布？邓道理作为张家界本土知名的"土记者"，有着丰富的从业经验，认为借助网络"炮轰"导演卡梅隆定能引起关注，主要是网络传播快、覆盖面广，再加上炮轰世界知名导演也很博眼球。于是他首先在红网论坛及时发帖，写下了"明明是张家界，阿凡达导演偏偏说是黄山"的帖子。他用翔实的材料以及照片证明了《阿凡达》里面的悬浮山就是张家界的乾坤柱，公开叫板卡梅隆，说他张冠"黄"戴、信口雌"黄"。

邓道理然后迅速撰写新闻稿件《阿凡达中国元素源自黄山？张家界网友质疑》——

红网论坛张家界网友对美国科幻大片《阿

阿凡达之恋 （龚朝阳/摄影）

凡达》导演所称"山的原型来自中国黄山"的说法提出了质疑，认为《阿凡达》对外宣传海报的山其实是湖南张家界，戏称"中国元素被张冠黄带"。

此前的 12 月 23 日，美国科幻大片《阿凡达》在北京举行媒体试映会，《阿凡达》导演詹姆斯·卡梅隆在北京的试映会上说，片中的"哈利路亚山"的原型来自中国的黄山。但张家界武陵源风景名胜区一位旅游资深人士发现，这部电影在各国宣传海报中的背景图片更像张家界的石英砂岩。笔者本人翻开了自己去年 9 月初在张家界拍摄的一张照片（位于袁家界景区），更与海报上的照片相差无几。经仔细比较，《阿凡达》海报上的背景中的一座主山头就来自张家界。

明明原型是张家界，为何说成黄山？是这位曾因导演《泰坦尼克号》而走红世界的导演一时的口误，还是别有隐情，不得而知。不过张家界不少网友希望导演詹姆斯·卡梅隆，能够向广大观众给一个正确的说法。

果然不出所料，邓道理炮轰导演卡梅隆的帖子和新闻便受到网络关注和发酵，点燃了借势《阿凡达》营销张家界的第一把火。

悬赏 10 万

如何使营销继续？挑战升温？那就是再次扇"风"点"火"。2010 年新年的第一天，毛坚坚和邓道理小试牛刀后再次进行"密谋"：用悬赏的方式证明《阿凡达》哈利路亚"悬浮山"原型就在张家界。悬赏多少？悬赏时间？怎样悬赏？他们一一进行研判后，确定了"悬赏 10 万"的创意。

悬赏仍选择网络试水！2010 年 1 月 4 日 11 时 30 分，邓道理通过网络公布了悬赏令：

今天，美国科幻大片《阿凡达》在全国 3D 影院公映，本人郑重宣布悬赏 10 万元人民币，在张家界以外寻找与《阿凡达》海报中"悬浮"的主山头相同的山，以回应近日全国部分网友对本人质疑国际导演卡梅隆错用中国元素的质疑。

《阿凡达》海报"悬浮"的主山头到底是张家界，还是黄山，抑或是其他的山，为了证明是张家界，本人已经拿出与《阿凡达》海报主山头相差无几的张家界景区照片，但似乎没有得到网友的广泛认可。

今天，只要有人在张家界以外的全球任何一个地方（包括黄山），找到第二座相同《阿凡达》"悬浮"的主山头，并经过权威部门鉴定属实，本人将随时支付 10 万元人民币奖励。

最后邓道理在悬赏令上签名，并用印泥摁上了自己的指印。邓道理的悬赏之举得到了众多网友的大力支持，一名叫谢湘佑的网友主动撰写网络新闻助推邓道理向卡梅隆挑战。很快张家界悬赏 10 万元征集悬浮山的消息成为该段时间各大网络的重要娱乐新闻，平面媒体也开始广泛报道。时至今日，仍没有人从邓道理手上领走 10 万元奖金。悬赏之初，邓道理也没有打算把 10 万元现金扔出去。因为他们确认阿凡达哈利路亚山原型就是张家界，邓道理也相信张家界地貌的山峰在世界上是独一无二不可复制的。

景点更名

说句实话，张家界《阿凡达》借势营销真的是边走边借，而不是有备而战。经历炮轰导演、悬赏 10 万"两把火"之后，黄山、张家界掀起了争抢阿凡达山头之战，到底如何让战火更烈？邓道理等在网络上收获喧嚣后也是一筹莫展。

机会总是留给有准备的人。2010 年 1 月 11 日晨，邓道理到北京中国旅游报社办事，巧遇同样在京出差的时任张家界主管旅游的市委常委、市旅游工作委员会常务副主任陈初毅和袁家界管委会主任宋志光一行。邓道理向陈初毅报告了借势《阿凡达》营销张家界的阶段性成果，得到了陈的高度肯定和再三鼓励。一起用早餐时，陈初毅突然对邓道理说："大家既然都喜欢悬浮山，不如就把乾坤柱叫悬浮山！"话音刚落，正愁如何推进借势《阿凡达》找不到点的邓道理眼前一亮，觉得这个主意好，便同宋志光商定回张家界后就落实。

1 月 21 日，张家界市旅游协会成立《阿凡达》营销办公室，邓道理被推选为不发工资也无经费的主任，毛坚坚、宋志光等当选为副主任。当晚，邓道理将张家界乾坤柱景点更名悬浮山的想法向市委常委陈初毅进行了约 2 小时的汇报，最终获得陈的"默许"。1 月 22 日晨，邓道理打通了《阿凡达》营销办公室副主任、袁家界管委会主任宋志光的电话，商量乾坤柱景点更名的事情。宋志光是张家界的老宣传，一口答应具体操办。他们将改名时间、形式等内容进行了确定，然后分开做准备工作。

张家界阿凡达办公室成立

2010 年 1 月 25 日 10 时，张家界乾坤柱更名为《阿凡达》哈利路亚"悬浮山"仪式在袁家界如期举行。仪式由宋志光主任主持，邓道理在现场向当地居民介绍了借力阿凡达宣传张家界的过程，几位身着土家族服装的原住民揭开了写有《阿凡达》"哈利路亚山"的木牌的红绸布，张家界国家森林公园电视台记者及本土摄影师先后对这一历史性时刻按下了快门……

当天下午 1 时许，邓道理撰写了后来引爆网络的新闻稿件《张家界乾坤柱更名为〈阿凡达〉"哈利路亚山"》：

国际大片《阿凡达》中的"哈利路亚山"在哪里？在张家界。元月 25 日，张家界乾坤柱正式被更名为《阿凡达》"哈利路亚山"，当天数百名当地居民及海内外游客见证了更名仪式。

乾坤柱为张家界"三千奇峰"中的一座，位于世界自然遗产武陵源风景名胜区袁家界景区南端，海拔高度 1074 米，垂直高度约 150 米，顶部植被郁郁葱葱，峰体造型

张家界乾坤柱更名为《阿凡达》"哈利路亚山"

奇特，垂直节理切割明显，仿若刀劈斧削般巍巍屹立于张家界，有顶天立地之势，故名乾坤柱。2008 年 12 月，好莱坞摄影师汉森在张家界进行了为期四天的外景拍摄，大量风景图片后来成为美国科幻大片《阿凡达》中"潘多拉星球"各种元素的原型，其中乾坤柱图片就成为"哈利路亚山"即悬浮山的原型。《阿凡达》在全球热播后，海内外亿万观众更是对"哈利路亚山"原型地张家界心向神往。

旅游无国界，电影无障碍。对于本次更名行为，仁者见仁，智者见智。有部分网友认为张家界没必要因为一部电影而改名换姓，也有网友觉得此举更能证明《阿凡达》悬浮山原型地就在张家界。袁家界景区管委会主任宋志光当天发表了自己的见解，乾坤柱更名为《阿凡达》"哈利路亚山"绝对不是"崇洋媚外"，只是顺应了景区当地居民和广大游客的心声。同时他还表示，张家界是世界自然遗产，神奇风景不仅是中国的，也是全世界的。现在把乾坤柱更名为《阿凡达》"哈利路亚山"，就是向外界传递一个重要信息：张家界不仅属于世界，也已经走向世界。

邓道理撰写的景点更名新闻稿件及相关图片第一时间发布后，犹如一颗原子弹在互联网中爆炸，很快将张家界推上了中央电视台、《人民日报》、美国 NBC（美国全国广播公司）、日本《朝日新闻》、新加坡《联合早报》等海内外媒体舆论聚焦和公众关注争议的风口浪尖。张家界《阿凡达》借势营销事件，也因此达到最高潮，引发了一场空前的聚焦张家界的"水漫"式媒体营销，轰动了全国，影响了世界，提振了张家界在国际上的知名度。经过媒体的推波助澜，《阿凡达》导演卡梅隆终于坐不住了，在 2010 年 3 月 5 日美国颇受欢迎的早间新闻栏目《今日》中，他公开承认"张家界是对的！"

自"景点更名"后，张家界相继派生了宝峰湖阿妹邀请卡梅隆拍摄续集、黄龙洞迷宫免票接待《阿凡达》观众、资深记者出版《张家界阿凡达事件真相》、国际网络摄影赛启幕张家界、上海世博会"纳美人"受宠、张家界阿凡达纪念品上市、《阿凡达》前传空降张家界、黄龙洞音乐厅取名哈利路亚、阿

宝峰湖导游员联名写信邀请卡梅隆到张家界拍《阿凡达》续集

凡达的真世界促销台湾等一系列与《阿凡达》相关的衍生产品。一年过来，张家界几乎每个月都生产着与《阿凡达》相关的新闻事件，有旅游界人士盘点，张家界的 2010 年是《阿凡达》年。

效　果

潘多拉太远，张家界很近。张家界《阿凡达》营销事件是一次成功的借势营销、网络营销、电影营销、创意营销、争议营销、新闻营销，曾被评为中国最具影响力的优秀营销事件奖。对张家界来说，该事件主要有四大贡献。

首先，整合了张家界民间营销力量。

张家界在《阿凡达》事件之前的宣传营销基本上都是官方组织，或者是企业策划，民间的宣传营销成功案例还不是很多。《阿凡达》事件可遇而不可求，民间力量和网络营销是制胜的法宝，该事件把张家界的民间宣传力量从幕后推到了前台，后来发生的张家界版《江南 style》以及张家界版《小苹果》等营销事件都展示了张家界的民间营销的宣传能量。

其次，开创了张家界零成本的营销先例。

在《阿凡达》事件之前，张家界基本上都是花重金去做营销，包括穿越天门、音乐周等活动都花了好几千万元。而《阿凡达》事件可以说没有花一分钱，却达到了草船借箭、惊动世界的营销效果。2010 年年底，通过百度搜索"张家界阿凡达"六个字，相关新闻 6470 篇，相关网页 1040000 篇，相关视频 830 个，相关图片 3960 张。同年，张家界接待海内外游客人数 2600 万人次，年接待量不仅首次突破 2000 万大关，还与上年相比增加了两成。这一组数据无可挑剔证明，张家界因《阿凡达》事件，既

英国摄影家在张家界找到了《阿凡达》悬浮山的原形

增加了名气，又增加了人气，受关注程度之高、之广、之深前所未有。同年，全国 2010 年高考模拟试题中涉及张家界《阿凡达》题材的学校多达近百所，张家界因此入选 2010 中国最具海外影响力城市。有权威人士评价，《阿凡达》事件至少为张家界旅游营销节省了 3 亿元人民币的宣传推广费。

再次，成功地拓展了张家界的境外市场。

在这之前，张家界的境外市场主要是韩国市场和东南亚市场，基本上是韩国市场"一枝独秀"，当时张家界所有的境外客源国家和地区也就只有 30 多个。但是现在不一样，由于张家界与阿凡达画上了等号，欧美游客开始青睐张家界，2011 年 8 月的一天张家界黄龙洞景区就接待了 30 个国家的游客。截至 2019 年年底，张家界入境游客来自全球 133 个国家和地区，覆盖世界旅游组织 156 个会员国。这是很不简单的，包括第八任联合国秘书长潘基文到张家界访问就是直接冲着阿凡达"悬浮山"原型来的。他在离开张家界时欣然用中文题字："地上最高绝景——张家界！！！"打了三个感叹号。

最后，将张家界塑造成海内外影视剧外景拍摄胜地。

《阿凡达》事件之后，一大批海内外影视剧及专题片来张家界拍摄外景：《大闹天宫》《钟馗伏魔》《捉妖记》《青云志》，以及贺岁片《神探蒲松龄》等都是在张家界这里取景。《阿凡达》事件，对张家界的旅游传营销作出的贡献不可磨灭。从一定程度上来看，《阿凡达》就是为张家界拍的，它投资了 5 亿美元，收获了 28 亿美元的票房成绩，它是世界电影票房的冠军，电影时长 150 分钟，张家界的风景占据了 30 分钟，相当于总成本的 1/5，也就是花了至少 1 亿元为张家界打造了一部家喻户晓的电影。这个电影反映的主题也很好，保护生态，保护环境，保护地球，保护家园，保护自然遗产，让张家界散发耀眼光芒，成为海内外影视剧争相取景的旅游胜地。

（本文图片由邓道理提供）

文化营销

CULTURAL MARKETING

张家界国际乡村音乐周
与"卡通市长"

旅游是文化的形和体，文化是旅游的根和魂。旅游和文化互为因果，相互依存，相互促进，相互发展。

张家界以自然遗产美景著称于世界，文化含量与国内外名山大川相比略显不足。黄龙洞 1998 年实行委托经营以后，"黄龙洞主"叶文智适时提出了"立足洞内、发展洞外，实施旅游行业纵深发展"的战略目标。黄龙洞投资股份有限公司 2003 年开始投资 1.7 亿元征用了黄龙洞洞口外的 50 亩农田，并建成了全国唯一征用农田又保留农田的旅游综合项目——以乡村田园风光和农耕文化展示为核心的黄龙洞生态广场。

走在黄龙洞广场的田间地头，叶文智时常陷入思考，他要为黄龙洞、张家界赋予新的文化元素，"量身定做、精确制造"一场场吸引全球目光的文化活动。

过 程

2008 年初春的一个清晨，黄龙洞广场农舍升起一缕薄薄的炊烟，稻田旁的乌桕树下一头黄牛正啃着发青的嫩草，放牛的牧童则悠闲地在石板路上吹着笛子……这一幕

张家界市原任市长赵小明化身"卡通市长"

田园牧歌景象，彻底陶醉了"黄龙洞主"叶文智，也催化了他接下来在张家界总策划并成功组织实施的一系列音乐文化视听盛宴。

首届张家界国际乡村音乐周。2009年 5 月 14 日至 18 日，由原文化部和湖南省人民政府批准，湖南省文化厅、湖南省旅游局、张家界市人民政府主办，

2013 年第三届张家界国际乡村音乐周

2009 中国张家界国际乡村音乐周开幕式　（张建国／摄影）

黄龙洞投资股份有限公司承办的首届中国张家界国际乡村音乐周成功举行，来自世界五大洲 19 个国家的不同语言、不同肤色、不同信仰的 31 支国际乡村音乐团队，相聚到同一片神奇美丽的旅游胜地张家界，在黄龙洞、宝峰湖、天子山、水绕四门、老磨湾、天门山六大景区奏响了天籁之音，前后吸引了至少 10 万名游客前来聆听大自然的呼吸。首届音乐周活动中，叶文智总策划了三个全国第一：首次在世界遗产地举办国际乡村音乐活动；首次在音乐文化活动中突出互动性，把台下观众与台上演员全方位地融于一体；把为音乐周代言的张家界市市长赵小明打造成中国首位"卡通市长"。

　　第二届张家界国际乡村音乐周。2011 年 9 月 10 日至 16 日，为期 7 天的第二届中国张家界国际乡村音乐周成功举行。本届音乐周以"世界的自然遗产，我们的乡村音乐"为主题，由原文化部和湖南省人民政府主办，共有来自美国、法国、韩国、巴西、俄罗斯等 27 个国家的 32 支境外乐队和 8 支中国乐队参加，其中乡村音乐发源地美国及举办地张家界各派 4 个一流音乐团队参加活动。其间，各国乐队带来了各自的"拿手好戏"，南非丛林之王乐队的祖鲁族棍子舞、巴西阿尔德亚艺术团的桑巴风情、乌兹别克斯坦民间艺术团的海豚音、西班牙弗拉门戈乐团的踢踏舞……近 500 名乐手在张家界黄龙洞、宝峰湖、天子山等六大景区上演了 54 场国际乡村音乐盛宴。来自美国的"当代乡村音乐之父"马克·力文，因大力推介中国和乡村音乐被组委会授予特别贡献奖。

第三届中国张家界国际乡村音乐周。2013 年 8 月 31 日至 9 月 4 日，第三届中国张家界国际乡村音乐周在张家界成功上演。本届音乐周呈现四大亮点：一是 30 支中外乐队穿越五大洲相约张家界世界自然遗产舞台音乐狂欢，开幕式上钢琴家尚·马龙则与贵州侗族大歌共同奏响"乡村音乐"，美国乡村音乐之父马克·力文与中国姑娘共同演绎的民歌令人沉醉；二是首现机车元素，200 辆哈雷摩托强势助阵张家界音乐周；三是北京大学建筑

2011 年，已连续两次参加音乐周的"现代乡村音乐之父"美国马克·力文演奏的音乐周主题曲《乡村之路》将演出推向了高潮，赢得现场观众的热烈喝彩

2013 张家界国际乡村音乐周"哈雷骑士·张家界巡游"

与景观设计学院院长俞孔坚等 9 位行业大咖齐聚张家界，分别从音乐、实景剧、摄影、建筑、雕塑等多个文化角度探讨张家界的文化之路；四是除了颁发最佳演出艺术奖、最佳演唱奖、最佳风采奖、最佳台风奖、最佳演奏奖、最佳人气奖外，首次设立"五洲之星奖"。

首届黄龙音乐季。2016 年 8 月 5 日至 9 月 28 日，首届黄龙音乐季在"会呼吸的建筑"——张家界黄龙洞音乐厅成功举行。本届音乐季由黄龙洞投资股份有限公司承办执行，以"竞技、教育、快乐"为宗旨，是为促进音乐艺术的大交流、大发展而专门打造的大舞台，是一次史上最具观赏性、最高规格、参与人数最多的大型音乐盛会。其间主办方先后举办了全国青少年钢琴展演、全国乐队展演、全国青少年流行舞展演、全国广场舞展演（最强中国队长）、全国合唱展演等系列活动。整个活动吸引了 3 万人报名参与，主办方为活动获奖人员提供 350.6 万元的资助金，单项资助金最高达到 10 万元。

第二届黄龙音乐季。2017 年 8 月 6 日至 8 月 27 日，第二届黄龙音乐季在张家界黄龙洞景区成功举行。本届音乐季包括国际钢琴艺术周和国际合唱艺术周两大项目。钢琴艺术周期间，来自全国各地的 797 名钢琴爱好者报名参与钢琴艺术交流，并分专业院校组、师范院校组、业余组、教师组、特色组几大类进行展演，邀请了包括美国著名钢琴家、教育家、密歇根州立大学音乐学院钢琴系主任黛博拉·莫里亚蒂在内的国内外 46 位钢琴界大咖现场演绎。在国际合唱艺术周期间，全国近 30 个省市 150 支合唱团参赛。主办方为活动获奖人员提供 407 万元艺术发展资助金，最高单项资助金"飙升"至 18 万元，开国内外同类先河。

第三届黄龙音乐季。2018 年 8 月 4 日至 8 月 30 日，第三届黄龙音乐季在张家界成功举办。本届音乐季由张家界市武陵源区人民政府、张家界武陵源风景名胜区和国家森林公园管理局主办，黄龙洞投资股份有限公司具体承办执行。音乐季活动分为钢琴艺术周、声乐艺术周、合唱艺术周三大板块，由肖邦国际钢琴比赛评委会主席卡塔琳娜·波波娃教授担任名誉主任，并全程担任评委，俄罗斯钢琴巨匠米哈伊尔·沃斯克列辛斯基开设专场音乐会，并与卡塔琳娜·波波娃共同开设大师班，与音乐爱好者近距离接触。本届音乐季上演了全球首创的峰林音乐会，在世界自然遗产地张家界，以奇峰峻岭、沃野稻田、剧场绿色屋顶等特殊区域为舞台，摆放了 118

2019 黄龙音乐季——峰林音乐盛典

2018 黄龙音乐季——峰林钢琴音乐会

架钢琴，邀请了上百位钢琴演奏家和一个交响音乐合唱团，共一千多人，共同演绎激情澎湃的天籁之音，共同奏响一场足以载入吉尼斯世界纪录的钢琴音乐盛典，让世界听见也让世界看见。

第四届黄龙音乐季。2019 年 7 月 22 日至 8 月 9 日，第四届黄龙音乐季在张家界如期举行。本届音乐季由声乐艺术周和钢琴艺术周两大主题组成，声乐艺术周共设置 4 个组别、214 个奖项，艺术发展资助金共 186.5 万元，3 名特等奖的艺术发展资助金均为 30 万元。钢琴艺术周共设置 204 个奖项，艺术发展资助金共 133.3 万元，专业组特等奖得主将获得 50 万元的艺术发展资助金，业余组特等奖的艺术发展资助金为 10 万元。另外，7 月 26 日上演的张家界峰林音乐盛典，作为本届音乐季重要内容之一堪称山水文化盛宴，由著名指挥家、湖南交响乐团团长肖鸣执棒指挥，俄罗斯爱乐乐团及百名中外音乐艺术家倾情演绎了《我爱你中国》《我的祖国》《红旗颂》《红色娘子军》《保卫黄河》等经典名曲，音乐季特邀艺术顾问及评委石倚洁、张立萍、李秀英、杜吉刚四位歌唱家再次登台献艺，以一首《我和我的祖国》为本次峰林音乐盛典画上了圆满的句号。

天籁之音，洞听中国。大地有界，文化无疆。叶文智用 11 年时间，借文化创意、文化创新、文化自信的无穷魅力，在张家界这片神奇土地上举办了连续七次大型音乐文化活动，其专业性、权威性得到了业界的高度评价，被赞誉为音乐艺术界的"奥斯卡"、音乐项目竞技界的"奥运会"。

效 果

如果说叶文智总策划"穿越天门"、俄罗斯特飞等营销活动向世界推介了张家界的阳刚之美，那么他总策划的张家界国际乡村音乐周、黄龙音乐季等营销活动则向世人展示了张家界的无限柔美，把旅游胜地张家界成功打造成国际音乐艺术胜地。

成功增添张家界文化内涵

中国旅游景区协会会长姚军表示："张家界打造的独有的文化旅游模式，成为新时期文化旅游融合发展的典范。"张家界国际乡村音乐周暨黄龙音乐季等系列文化活动提升了张家界旅游产品的文化竞争力，以国际化视野谋划和推动了张家界旅游文化产业深度融合，成为张家界的另一张文化名片，是"巧用软实力提升国际形象的成功实践"，提升了湖南旅游产品的国际竞争力，既是一场场音乐文化盛宴，又是一次次成功的旅游营销创举。"昔日的乡村音乐周、今天的黄龙音乐季，已经成为中国最具分量、最富活力的音乐赛事，并朝着音乐界的格莱美，爱丁堡艺术节大步迈进。"著名作曲家、中国音乐家协会主席叶小纲对张家界系列音乐文化活动进行了充分肯定。

嗨，张家界你好！

迅速提升张家界国际形象

张家界系列音乐文化活动由于创意独特、亮点突出，深受电视、报纸、网络等强势媒体的全程关注。首届张家界国际乡村音乐周，共吸引了海内外 47 家媒体 170 名记者现场采访报道，"卡通市长"一夜走红大江南北；2018 黄龙音乐季的"峰林音乐会"，全球网络观众人数达到 3.2 亿人次，张家界的绝世美景得到广泛

火爆的乡村音乐周现场 （李东群／摄影）

传播。7次高规格的音乐文化活动，使全球近 20 亿人次受众的目光聚焦张家界这片奇山异水，用文化创新激发活力，音乐系列活动让张家界再次名动中国影响世界，张家界国际旅游形象迅速得到巩固和提升。

不断推动张家界旅游发展

文化是旅游的灵魂。上述系列音乐活动的举办开创了国内"旅游＋文化"完美融合，是发展全域旅游、发力旅游供给侧的一次有效尝试，不仅为张家界增加名气，还直接为张家界带来更多的人气、财气。据统计，首届张家界国际乡村周，吸引了至少 10 万名游客前来参观；首届黄龙音乐季，也为张家界同期引来 10 万名游客⋯⋯2018 黄龙音乐季吸引了全国 10 多万名音乐人和爱好者现场参与，500 多名专家、评审、嘉宾共襄盛举，帮助 1 万多名参赛者实现音乐梦想。数据显示，2018 年 7 月、8 月，黄龙洞游客接待量同比增长 18 万人次，武陵源旅游接待人数同比增长 18%，整个张家界市接待量同比增加 150 万人次。张家界 2019 年接待海内外游客人数首次突破 8000 万人次，旅游接待规模创全国同类山岳型景区之首，业内人士指出张家界取得如此成绩，叶文智总策划的系列音乐文化活动是重要的"发动机"之一。

（本文图片由黄龙洞旅游公司与邓道理提供）

"张家界国际旅游诗歌节"
诗约全世界

背　景

"绿水青山也是金山银山"，优美的自然生态让所有风景旅游点显得更有魅力、更为迷人，因此能吸引越来越多的游人去打卡观赏。再次，幸福家园、美丽中国的和谐社会氛围，让人们心情更愉悦，精神更饱满，人们不仅尽情享受了家居的和乐，还乐意走出去，到远方去寻找春天与诗意，到美丽的山水中去游玩、去沉醉，这些都成为他们开拓视野、提升精神的重要方式。所有这一切，都意味着"新旅游"在新时代中国的赫然出现。

美丽的山水需要用美丽的诗句来点亮，随着"新旅游"在新时代的蓬勃兴起，诗人们有必要顺应历史的潮流，用艺术的笔墨去"诗意地命名山水"（李少君语），将自然山水、美丽生态在新时代所展示出的新的迷人风姿、所具有的新的诗学意义，加以审美的写照和艺术的诠释，让新时代的山光水色散发出更为夺目的绚丽光彩，创造出新时代的"新山水诗"来。张家界国际旅游诗歌大赛，正是顺应了新时代社会语境中新的旅游事业不断发展的历史要求的，其中涌现出的不少精品佳作，不仅从独特的观照视角将张家界的秀美风姿进行了形象表述，而且也展示了新时代中国人面对山水时所呈现出的自信、豪迈、舒爽、欣悦的精神风貌。

（岭南师范学院文学与传媒学院　张德明）

过　程

以"以诗为媒，助力文化与旅游融合发展"为主题的首届国际旅游诗歌节于2017年12月9日至11日在张家界市成功举行。据有关方面宣称，举办国际旅游诗歌节在国内尚属首次。到2022年5月30日启动的"中国·张家界第六届旅游诗歌节"，由中国作家协会、《诗刊》、湖南省文联、张家界市人民政府等联合主办，张家界市文联、

诗朗诵　（张家界市文联／供图）

张家界市文化旅游广电体育局、张家界市国际旅游诗歌协会等单位承办，诗歌节唱响了"行吟中国，情系张家界"的壮丽凯歌。

从首届国际旅游诗歌节开始，诗与旅游就紧密地缠绕在一起。作为 2017 年"冬游张家界"十大主题活动之一，受到国际国内文坛诗友的热切关注。

说到张家界，提起诗歌，和张家界市时任副市长欧阳斌有着密不可分的关系。作为主管文化旅游的副市长，欧阳斌在诗歌文学上也颇有兴趣和造诣。他时常用诗歌不遗余力地推介张家界，成为张家界旅游营销的又一特色。

"我有奇峰三千，像三千根青翠的竹笋，已育了三亿八千万年，纯天然；我有秀水八百，像八百坛醇香的好酒，已酿了三亿八千万年，味正浓……"2017 年，欧阳斌的诗歌《一封来自张家界的诗意请柬》发表后，迅速被主流新媒体转载。当年 12 月张家界首届国际旅游诗歌节上，这封《请柬》广受旅游业内和诗歌界好评。

一届又一届，常办不懈的国际旅游诗歌节如花儿一样常开不败。诗歌节聚集国内外诗人，将"国际、旅游、诗歌"三个元素有机结合。如 2019 年第三届邀请全国百家景区共同参与张家界国际精美旅游诗歌创作大赛，由红网创意设计、开发制作以张家界景区美图作封面，百余家景区美图为背景的旅游诗歌征集，H5（互联网超文本标记语言）制作并发布于中国文旅新媒体联盟 20 家媒体，力邀全网网友及诗人通过 H5 选择景区创作精美短诗参赛。景区优秀诗歌自动生成景区专属精美短诗网络明信片，引导大众在朋友圈、微博等自媒体传播，形成以一传百，以百传万的多米诺骨牌效应。

"仙境张家界，诗约全世界"。2020 年 12 月 9—11 日，"中国·张家界第四届国际旅游诗歌节"盛大开启。在旅游诗歌主旨演讲台上，来自俄罗斯的女诗人娜斯佳等嘉宾发表了热情洋溢的演讲。继而，"行与诗——刘年诗歌研讨会"流光溢彩，"张家界与鹤壁文化旅游对话"，以诗为媒将中原文化与武陵山脉地域文化交相辉映。后来，"行吟中国"颁奖典礼暨旅游诗歌之夜尽显浪漫风采，"张家界景区乘风之旅"更是让诗人们流连山水抒发性灵之美。

是什么时候再想起张家界时，你还想到了诗歌？是未来。武陵源的峰林记得你填了泼墨山水画那最美一笔；是天门山洞开有云海，神仙不在，你刚好在；更是浪漫和诗意浸润这座城市的每一条街巷，每个人的呼吸中栖居着诗的芬芳；是全世界知道，张家界是一座涵养灵感、激扬诗意的诗歌高地。

效　果

据数据显示，国际旅游诗歌节自 2017 年举办以来，有近 10 万首诗歌诞生于张家界的绝版山水之间，与红色文化、绿色生态、多彩民俗激情碰撞，共同谱写出了"诗意张家界"。每年 12 月已成为张家界国际旅游诗歌月，吸引不少国内外知名诗人、诗歌爱好者来张家界采风创作。

2020 年第四届"中国·张家界国际旅游诗歌节"中，毕俊厚的诗歌作品《张家界之恋》斩获一等奖。精美旅游诗歌征集过程中，国内外诗人的吟诵对象囊括了全国 30 多个省、直辖市、自治区的 100 多个景区。比赛自 9 月 23 日启动至 11 月 2 日结束，共收到参赛作品 26789 首。

据了解，第五届诗歌节征集的 50 多天时间里，收到来自国内外 2800 余名诗人的原创诗歌作品 8200 多篇，呈现了诗人激情高涨、社会各界广泛参与的蓬勃兴旺之势。这一年的诗歌节既与往年一脉相承，又出现了新的亮点，即新体诗与旧体诗两大阵营一齐上阵汇集成了一部"山水诗歌张家界总集"。

"张家界不仅是张家界的，也是湖南的，更是世界的。""张家界爱天下的人。"时光如梭，截至 2021 年 10 月 28 日，第五届"诗歌节"组委会收到全国各省（市、区），包括港、澳特别行政区以及台湾地区，还有加拿大、俄罗斯、西班牙、澳大利亚等国家和地区的诗歌作品共计 8200 余首。

张家界持续举办"国际旅游诗歌节"，把张家界的文化品位，提升到了一个新的高度。文化与旅游的融合，因诗的参与，往前迈出了一大步。诗歌就像一只锋利的犁铧，犁

2021 年第五届"中国·张家界国际旅游诗歌节"开幕式

开了一垄一垄的大地之浪。诗歌的根系，便丝丝缕缕，深深扎入了旅游的土壤。"山水诗"的品牌，是文旅融合结出的硕果。特别是古体诗词赋的加入，使"诗歌节"变得格外摇曳多姿、绚丽多彩。以诗歌的情怀，在诗歌的国度，让诗歌与旅游水乳交融，不仅推动了旅游的发展，也推动了诗歌的繁荣。

因为诗歌而引来关注，并且以"张家界国际旅游诗歌节"网络搜索获取浏览量为415000000条相关信息，网页相关图片约1680张。张家界也因为"国际旅游诗歌节"而受到世界的追捧。

（本文图片由张家界市文联提供）

·链接·

行吟中国　大爱张家界

——中国·张家界国际旅游诗歌节以来

◇ 刘晓平

最近，一些媒体和《诗刊》《中华辞赋》等专业诗刊又发表了第六届张家界国际旅游诗歌节的征稿启事。就是说"行吟中国·张家界国际旅游诗歌节"不受任何情况的影响，将照样举行。自2017年以来即将主办第六届了，作为曾是创办单位的主要操办者之一，心中有苦有甜有所感想，我想述说出来告诉大家，也算是一种总结吧。

2018年，文化部和国家旅游局合并为文化和旅游部，社会上马上流传"诗与远方终成一家"。我作为刚从市委调任市文联的党组书记、主席，马上联想到由于张家界是老少边穷地区，旅游资源比较丰富，但文化底蕴一直比较薄弱，怎样快速地让文学艺术事业快速繁荣起来呢？我便主持召开党组会讨论，并提出了创办"行吟中国·张家界国际旅游诗歌节"的想法，获得了党组的一致通过。我马上向时任分管旅游、文联工作的副市长欧阳斌汇报，取得了他的大力支持。于是，我带领党组成员彭义、杨次洪，在"诗人市长"欧阳斌的支持下，跑文化和旅游部、中国文联、中国作家协会及《诗刊》社汇报，回来便成立了张家界国际旅游诗歌节筹备组，当年便成功主办了首届"行吟中国·张家界国际旅游诗歌节"，首开了诗歌文化与旅游融合的先河。

六年来，我们的诗歌节始终坚持文学艺术要"深入生活、扎根人民、服务人民"的原则，贯彻"二百"方针，使活动体现了"人民、诗歌、旅游、国际"的元素，在

"中国·张家界第五届国际旅游诗歌节"颁奖盛典暨"行吟中国·大家张家界"诗歌朗诵会

全国范围内形成影响，在国际上也有一定的声誉，先后有瑞典、以色列、西班牙、美国、新西兰、加拿大、澳大利亚、俄罗斯的诗人参与进来，诗歌文化在张家界蔚然成风，在一定层面上促进了张家界市旅游事业和文学艺术事业的发展，这也是我们当初主办诗歌节的由衷目的。张家界市只有160余万人口，但我们的诗社、诗歌协会（学会）会员则有近千人之多（含区县）。以前近乎文化沙漠的张家界，这些年已呈现出满眼绿茵茵的"草滩"景色。在张家界，诗歌节已成为文旅融合的一个品牌，行吟诗歌精神已是张家界人民改革开放干实事精神的一部分。它作为文旅融合的一种形式，实实在在推进了我们的工作，深入人心。

人生天地间，忽如远行客；昼短苦夜长，何不秉烛游。

是啊，诗歌艺术就有它独特的神秘之处，这些年来每年与会诗人均在200~400人之间，但参加征诗活动的诗人们，每年都在万人以上，到现在为止，我们把每一年征得的精选作品，编印出版《行吟中国》已达七集，获奖诗人如梁小斌、雷平阳、张沐兴、马萧萧、张绍民、李笠（瑞典）、娜斯佳（俄）等，已有数百位获奖的国内外诗人。诗人们，"潘多拉太远，张家界很近"。大爱张家界这块神奇的土地，永远期待您诗意的寻找，让我们永远在寻找的旅途共勉吧！

（作者系中国作家协会会员、中国诗歌学会理事、中国国际旅游诗歌联盟主席、湖南省诗歌学会荣誉副会长和张家界国际旅游诗歌协会主席，现任张家界市文联一级调研员、名誉主席）

摄影，
让张家界不断出彩

用最简单、原始、直接的表达方式向世界展示张家界独特的美，也成为广大摄影艺术工作者的不懈追求与梦想。

——题记

背　景

《百年大庸》回归张家界

一百年前，一批西方传教士到湖南张家界地区传教，留下了很多珍贵的照片及纸质档案资料，现保存在芬兰国家档案馆、博物馆。2018 年，张家界市档案局（馆）组成工作组远赴北欧芬兰，将这批珍贵的照片及纸质档案资料征集回来。据了解，征集到的这批档案资料主要是照片、地契、执照、邮票、明信片、剪纸、地图、政府公函等共 1000 余件，具有很高的史料价值。

这是一段尘封的记忆，翻开这一幅幅发黄的老照片，阅读这一件件斑驳沧桑的老档案，一座原始的古城朗然在目。一方冷艳的山水备感亲切，一段遥远的往事穿越时空、向我们展示着老大庸独特的历史内涵。

天门山下，澧水之滨，大庸古城小巧、精致。回龙观外，钟声悠扬，茹澧两岸，阡陌纵横、男耕女织、炊烟袅袅。澧水河上，帆影点点、川流不息。河岸吊脚楼，凌空欲飞；老街石板路，曲径通幽。街道两侧，商铺鳞次栉比；各色摊位，五花八门：卖甘蔗、卖甜酒、卖豆腐、卖南杂、卖花轿的，形形色色；剃头的、喝茶的、吃面的、钉秤的、补鞋的、还傩愿的、看相的、锯木头的、板车拉货的，百态杂陈，活生生的一幅《市井百态图》。

这些征集回国的图片资料及档案，属于广大张家界人，对它开发编研，以书刊形式公之于众，让广大市民知晓张家界昨天故事，展示今天巨变，预示明天辉煌，具有重要的历史和现实意义。

云端上的张家界

1981 年 4 月，陈复礼、简庆福一行 18 人，在张家界拍摄了一万多张自然风景照片　（安用甫／摄影）

陈复礼，一幅张家界《山鹰图》轰动欧洲

1981 年 4 月，时任全国政协委员、中国摄影家协会副主席、香港中华摄影学会名誉会长的陈复礼，带了一批香港摄影家首次来到张家界摄影，拍摄了张家界风光照片一万张，回香港后精选一百幅摄影作品进行专题展览而轰动了香港。此外，陈复礼先生创作的作品《山鹰图》更是震撼了欧洲。陈复礼先生回忆当年在张家界拍摄风光时，被一座座奇峰怪石所沉醉，他说"假如有只老鹰在空中回旋，这风景就活了。"话音刚落，一只苍鹰盘旋而来，朝岩峰顶端飞去，陈复礼激动不已，连呼："天意！天意！"，赶紧举起相机连珠炮似的拍起来。后来，这幅名为《山鹰图》的作品参加伦敦的英国皇家摄影学会作品展览并获金奖。

张家界是中国重要的旅游城市，而摄影与张家界的历史渊源已久。1981 年，著名摄影家陈复礼、简庆福于张家界拍摄的风光作品在全国各大媒体发表后，吸引了众多摄影者前往张家界采风创作。张家界正是通过摄影作品的传播从"无人知晓到天下闻名"，成为国内外知名的旅游和摄影目的地。2019 年在中国摄影家协会推出的"摄影发现中国"活动中，经过大众与专家评议，组委会最终确定了"摄影发现中国"首批十大景观，张家界位列其中，原因是具有优良的旅游和摄影资源。

过　程

一部厚重、印刷精美的《中国张家界·首届世界遗产摄影大展》由中国摄影出版社于 2022 年 3 月出版发行。作为主编之一、总策划人、张家界市文联主席、市摄影家协会主席覃文乐先生谈到通过摄影大展与出版这部摄影大传具有的典藏意义："围绕世界遗产影响的交流互鉴，一代又一代人的视觉聚焦如薪火相传。"跨越时空，超越国度，我们随着覃文乐先生的介绍，而追溯历史的记忆："1972 年 11 月 16 日，《保护世界文化和自然遗产公约》正式颁布。1977 年，联合国教科文组织世界遗产委员会正式召开会议，评审世界公认的具有突出意义和普遍价值的文物古迹及自然景观。截至 2019 年，世界遗产总数达 1092 项，分布在世界 167 个国家以及地区。这些全人类共有的财富陆续被发掘、被梳理、被呵护，如同一颗颗散布于蓝色星球的闪耀珍宝，见证自然的变迁、历史的演变、文明的兴衰。"

为了全人类共同的利益，覃文乐策划与组织"首届世界遗产摄影大展"等系列活动。我们通过翻阅近 500 页一幅幅精彩的摄影作品，便如同走进了世界自然与人文大观园，回到了那个热烈而庄重的摄影大展活动，从而感受到摄影艺术的独特魅力！

"为激励广大摄影人用影像助力世界遗产的传承和发展，唤起公众对世界遗产的保护意识，收藏和传承世界遗产历史文献，巩固张家界市武陵源世界遗产地位，形成摄影新兴人才培育的长效机制。"李倩在相关文章中称。

匠心独运，"中国·张家界"世界遗产摄影大展举行，共享世界遗产摄影盛宴

2019 年 12 月，由中国联合国教科文组织全国委员会、国际山地旅游联盟指导，中国摄影家协会、张家界市人民政府主办，中国摄影报社、湖南省摄影家协会、中共张家界市委宣传部等单位承办的"中国·张家界首届世界遗产摄影大展"开始摄影作品的征集活动。

据统计，截至 2020 年 8 月 31 日，大展组委会收到国内外摄影家的图片投稿 43000 余幅，视频、延时及 VR（虚拟现实）投稿作品近 200 件。大会组委会结合拍摄内容、拍摄手法等，进行层层筛选，最终 115 件作品脱颖而出，成为入展作品。

2020 年 11 月 16 日至 22 日，"中国·张家界首届世界遗产摄影大展"在湖南省张家界市举行。71 个国家和地区的 115 件世界遗产影像作品点缀着张家界的大庸古城、大峡谷、天门山等

2020 年 11 月，"中国·张家界首届世界遗产摄影大展"在张家界市举行

"中国·张家界世界遗产摄影大展"会场

知名旅游景点，人文景观与自然景观在此地交融。

11月16日上午，大展在大庸古城拉开帷幕。时任中共张家界市委副书记、市长刘革安主持大展开幕式。时任湖南省委常委、宣传部部长张宏森，湖南省文联主席鄢福初，时任中共张家界市委书记、市人大常委会主任虢正贵，中国摄影家协会分党组成员、秘书长高琴，意大利驻广州领事馆总领事白露茜（Lucia Pasqualini）分别上台致辞。全国政协原副主席刘晓峰，贺龙元帅女儿贺晓明、贺黎明，中国摄影家协会副主席柳军、杨越峦、王琛等领导嘉宾出席开幕式活动。来自22个省市自治区的100多位专家、学者和各级摄协组织负责人、近700位摄影训练营学员、300多个报名参展作者代表及来自全国各地的摄影爱好者相聚在这鬼斧神工、人杰地灵的自然宝地，共享世界遗产的影像盛宴。

作为张家界的老朋友，联合国第八任秘书长潘基文特意为大展发来贺信。他说："世界遗产是人类的共同财富，影像是交流、共享、保护、传承世界遗产的重要方式。"他还赞誉张家界是"地上最高绝景。"

首届摄影大展以"交流共享、保护传承"为主题，围绕世界遗产展开。摄影爱好者和参观者不仅能感受到张家界本土的风物人情，还能欣赏到来自世界各地的独特景观。如米蒂山脉、美国科罗拉多大峡谷的神奇与壮美；苏州园林、俄罗斯圣彼得堡的唯美与精妙；泰山、秘鲁马丘比丘的雄伟与峻秀。人类文明的凝练杰作与大自然的鬼斧神工在这里交融。

摄影展不仅是一个成果展，还是一个学习交流的平台；是摄影小白、美学爱好者与摄影大师齐聚殿堂通过摄影作品来感受天地间万物变与不变的自然规律一次契机。此次大展有许多学习机会如摄影师创作培优计划、世界遗产名家讲座、世界遗产摄影大展、世界遗产地摄影训练营、陈复礼铜像揭幕仪式以及《影像与世界遗产》电视对谈。在参与摄影专家讲座时，金像奖获得者宋刚明说："好的图片是沉默中的呐喊，光与影的对比在摄影中十分重要。"他曾去往佩特拉古城拍摄作品，为了使拍摄所需的光线适度，烈阳灼日下，他足足等了两小时去取景。当阿拉伯商人坐下聊天时，他就在一旁用相机记录下异域的风土人情，好作品就是这样打磨出来的。

摄影大展现场

举办世界遗产摄影展的初衷是展示世界遗产保护成果，诠释经济社会发展成就，进一步推进国际交流合作。当然，自然风光、文化艺术的交流、传播，仅有一次是不够的。

2022年3月16日，举行了张家界第二届世界遗产摄影大展的启动仪式。由于疫情的影响，组委会决定在线上进行。

第二届世界遗产大展由中国联合国教科文组织全国委员会、国际山地旅游联盟、中国和平发展基金会、中国风景名胜区协会作为指导单位，中国摄影家协会、湖南省文学艺术界联合会、张家界市人民政府主办；中国摄影报社、湖南省摄影家协会、中共张家界市委宣传部、张家界市文化旅游广电体育局、张家界市文学艺术界联合会、武陵源区人民政府、武陵源风景名胜区和国家森林公园管理局、张家界市摄影家协会、

张家界旅游集团有限公司等机构承办，面向国内外广泛征集体现世界遗产及张家界风貌的影像作品。

"中国·张家界第二届世界遗产摄影大展"系列活动将由开幕式、荣誉盛典、主题展、摄影名家邀请展、报名展、世界遗产影像研讨会、中外世界遗产影像交流、世界遗产摄影大讲堂、摄影训练营、非物质文化遗产展演等线上、线下活动组成。

别出心裁，航拍武陵源摄影大赛，展示世界自然遗产地全景

自 2016 年以来，湖南日报社联合武陵源区率先在全国景区举办航拍摄影大赛，借助无人机从空中俯瞰武陵源的全新视角，向人们展示世界自然遗产地的峰林全景，让更多的人领略到张家界地貌的震撼，目前已累计有 2 万多名来自全国各地的摄影师前来采风拍摄。反映武陵源绝美峰林、云海、秋色、冬雪等精美图片、视频作品，广泛在各类社交平台传播，成为宣传张家界旅游资源、展示品牌形象的重要窗口。

2017 年，张家界市武陵源区与航拍无人机公司 DJI 大疆创新达成战略合作，将"航拍旅行文化"融入景区品牌推广，共同打造全球"无人机友好型景区"和"大疆航拍旅行示范地"，武陵源成为全国山岳型景区首家"大疆航拍旅行示范地"。同年，中国"最美航拍目的地"正式出炉，武陵源强势上榜。

武陵源有着"大自然迷宫""天下第一奇山"的美誉，被地质学家称为"地球的纪

念物"，被广大游人誉为"扩大的盆景，缩小的仙境"。景区内呈现出沟壑纵横、千峰耸立、万峰峥嵘的奇特景观，从高空俯瞰，更显大气磅礴和绝美震撼。有业内人士评价称："航拍武陵源"摄影赛事为全国景区旅游宣传起到较好的典型示范作用，堪称"独具创新的摄影营销"。

2021 年 9 月 25 日，第五届航拍武陵源摄影大赛暨全国知名媒体记者航拍创作活动在张家界黄龙洞风景区启动，国内 50 多名摄影爱好者闻风而动，带上自己的"装备"，摩拳擦掌如同华山论剑一般走进武陵源各大景区准备一较高下，从高空俯拍绝美的张家界地貌。

为什么是武陵源？武陵源区委书记张龚介绍，武陵源是张家界旅游发源地，是湖南旅游龙头上的亮丽明珠，被称为湖南对外的窗口、迎宾的客厅；拥有中国第一个国家森林公园、中国首批世界自然遗产、全球首批世界地质公园、首批国家5A级旅游景区、全国文明风景区等多项金字招牌，境内奇峰三千、秀水八百，是"放大的盆景、缩小的仙境"。武陵源景区还被评为"中国最美航拍地"，并成为全国山岳型景区首家"大疆航拍旅行示范地"。

航拍大赛以办证参赛、持证免费拍摄、专家评审的方式进行。专业摄影师和摄影爱好者通过湖南日报社湘视频道资质审核后，持有效身份证件到张家界市武陵源区文

峰林叠翠（覃文乐／摄影）

化旅游广电体育局办理参赛证，根据大赛主题确定好拍摄内容，拍摄作品送交专家进行审核，由专家评选出优秀作品。

武陵源航拍大赛已经成功举办了四次。每一次都给参与者们带来不一样的美学体验，吸引超过2万名全国各地的摄影师前来采风拍摄。主办方表示，通过航拍的震撼视角，全面展示了张家界核心景区武陵源的自然风光和民俗风情，在张家界对外旅游宣传推广、招商引资、展示国际旅游城市形象中发挥了重要的窗口作用。

在第四届航拍武陵源摄影大赛中，超过3000名摄影师踊跃参赛。大赛举办方累计收到参赛图片作品6000余幅、视频作品400多件。经过严格评审，层层筛选，最终41件作品获奖。其中，严松林的《天堑变通途》、毛定的《仙境武陵源》、陈小平的《奇峰武陵源全景漫游》分别获得图片类、视频类和航拍全景VR图片类金奖。参赛活动规模、大赛影响力以及作品质量都达到了前所未有的高度。

第五届航拍武陵源摄影大赛由湖南日报社、张家界市武陵源区人民政府、张家界武陵源风景名胜区和国家森林公园管理局联合主办。大赛设航拍图片类、视频类两个类别的奖项。拍摄以武陵源辖区内的自然风光、城市建设、美丽乡村、人文风情为内容。此次第五届摄影大赛的亮点在于对摄影师航拍器的使用、后期编辑技能、创新手法、拍摄视角等提出了新的考验。

冬 （邓剑／摄影）

梦幻（覃文乐/摄影）

摄影原本是一门艺术，而在张家界却成为全民旅游营销的一种模式。覃文乐认为：张家界山上有世界自然遗产，山下应该建立世界遗产育保中心，将全世界自然与文化遗产地拍照的图片、视频汇集在一起展览，让人们到张家界可以领略到世界遗产的丰富内涵。与此同时，将张家界非物质文化遗产，如桑植民歌、张家界阳戏、白族仗鼓舞等以动态形式进行展示，从而构成以展示遗产为主导的文化、旅游融合发展的产业基地。

效 果

2022年3月18日，《中国摄影报》头版头条发表覃文乐摄影作品《百丈峡的恬静》，从而引起全国摄影艺术家的热切关注。此外，他的《峰林奇观》长卷在《中国日报》发表后引起了外交部领导的赞赏。

红网时刻张家界2022年1月26日讯：美国电影《阿凡达2》即将上映之际，美国东部时间1月24日6点21分，《阿凡达》悬浮山的原型——美丽神奇的张家界地貌，再次登上美国纽约时代广场百老汇128大屏，吸引了当地众多市民驻足观看。百老汇作为全球最受瞩目的商业核心地段，年均客流量超过4000万，全球高端品牌长期在这里传播品牌形象，被誉为"吸引世界目光"的最佳窗口之一。纽约时代广场广告屏是中国人最为熟悉的海外广告媒体之一，被誉为"全球四大黄金广告地段"之一。

此次张家界风光荣登纽约时代广场不是首次，以张家界风光、人物等为主要内容的张家界旅游形象宣传之前在纽约时代广场有过多次，时间最近的一次是2020年。

此次宣推将持续一周时间，美国东部时间每天早上 6 点 21 分左右到 23 点 21 分左右，每间隔一小时滚动播出，每次播出时长 5 秒。另据了解，此次展播摄影作品《阿凡达之恋》由"90 后"年轻导游龚朝阳拍摄。

2021 年 4 月 4 日，央视新闻联播、央视国际频道、央视农业农村频道先后播出了张家界武陵源雨后云海奇观的新闻，观众在惊叹如梦如幻的张家界云海仙境画面时候，可能无法想这些航拍风光素材的拍摄者竟然是一位当地农民导游。

农民导游叫周建鑫，又名周怀柏，今年 40 岁，此次航拍的武陵源云海风光是他清明节前夕在天子山拍摄的，被张家界电视台新闻中心记者看中后积极对外推荐，最终被央视多个频道采用。周建鑫介绍，他的作品虽然不是第一次在央视播出，但却是第一次在新闻联播亮相，能为家乡美景宣传多出一份力，心里还是很激动。

2020 年，周建鑫通过航拍发现了张家界茅岩河"心"湖地质奇观，另外就是航拍的家乡美景登录美国纽约时代广场的"中国屏"。当然他拍摄的家乡美景还获得了武陵源第四届航拍摄影赛多个奖项。周建鑫创作的《秀美张家界》荣获 2019 年湖南省"锦绣中华，大美山川"微视频大赛中荣获优秀作品奖，创作的武陵源美景荣获世界地球日"最美地球印记"第三届地质公园摄影大赛视频组二等奖，摄影作品《绝美武陵源》成功入围文化和旅游部主办的"亚洲世界遗产影像展"。

2015 年第 17 届美国纽约国际摄影展中，张家界天子山"守云人"孙宏伟作品《青绿展云霄》摘取铜奖。据了解，这是"张家界地貌"风光首次在美国纽约国际摄影展中获奖。

立足张家界，面向全世界的"张家界世界遗产摄影大展"每两年举办一次，它所展出的作品代表了张家界，也代表了中国，是张家界创建世界一流旅游目的地的文化支撑点。而武陵源区举办五届航拍摄影大赛与"世界遗产摄影大展"相得益彰，为张家界风光走向世界奠定了良好的基础。每一幅摄影作品都是美的体现，每一个摄影师都是张家界的旅游营销大师！

据了解，2020 年 11 月在张家界市举办的首届世界遗产摄影大展系列活动得到了国内外各级组织的广泛关注，大展通过新颖的展陈设计和互动装置，汇聚了 71 个国家的 45800 件作品为观众带来沉浸式的体验，吸引了国内外万余名摄影家和数十万观众参观，得到了各大媒体的广泛报道，网络搜索中国张家界世界遗产地摄影大展高达 700 万条，网页点击量、微博粉丝阅读量等各项数据统计总和过亿，在社会各界产生了广泛的影响。

（本文图片由张家界市文联提供）

回顾张家界旅游营销大事件

——中国·张家界首届世界遗产摄影大展

2020 年 11 月 16 日至 22 日，"中国·张家界首届世界遗产摄影大展"在湖南省张家界市举行。71 个国家和地区的 115 处世界遗产影像作品装点着张家界的大庸古城、大峡谷、天门山、天子山等知名旅游景点。本届大展以"交流共享、保护传承"为主题，围绕世界遗产展开以活动、影展、互动交流和文旅融合为主的四大板块内容。展览以摄影为媒介，共展出 9 大主题 3000 余幅影像作品。汇集了"中国·张家界首届世界遗产摄影大展"主题展、世界遗产摄影名家邀请展、中外世界遗产地摄影联展、首届世界遗产影像创作培优计划展《贺龙在延安》影像老图片展、"文化与生活"报名展、影像张家界专题展、世界遗产地创意打卡照征集作品展等。

除了精美而丰富的摄影展，本次活动还举办了用影像发现并传播张家界的香港著名摄影家陈复礼铜像揭幕仪式;《影像与世界遗产》电视对谈；张家界对话阿尔卑斯文旅推介会；摄影师创作培优计划；世界遗产名家讲座；世界遗产摄影大展、旅行达人论坛研讨；世界遗产地摄影训练营；世界遗产影像盛典之夜；世遗地打卡照征集，并推出 20 个张家界摄影网红打卡点等多种活动形式，多层次、多角度地构建了一个展示、分享、交流、传播丰硕而璀璨的世界遗产地风采、弘扬文化和自然生态环境建设可持续发展理念的平台。

"中国·张家界首届世界遗产摄影大展"主题展

张家界：
《我和我的祖国》歌词诞生地

《我和我的祖国》歌词创作于张家界这一细节，见于张藜个人艺术人生系列图书《音乐里的文章事——张藜谈歌词创作》《久别的人——张藜歌诗人生》，以及《〈我和我的祖国〉的幕后故事》《花开满篱笆——访作家、词作者张藜》等文章记载。

1984 年农历八月十五，张藜来到湖南张家界天门山脚下，清晨一大早起来，眼前俊美的高山，高空中云雾缭绕、雾气氤氲，脚下潺潺流水的小河，清亮得让自己的眼睛好像剥去了一层膜，换了一副视觉，那哗啦哗啦的水声不断地涌入张藜的耳鼓，继而敲击张藜的胸膛……此情此景他想到自己走过的路，尽管曲曲折折，但毕竟和祖国的命运紧紧相连，酝酿了半年的思路在这一瞬间爆发："我歌唱每一座高山，我歌唱每一条河，袅袅炊烟小小村落，路上一道辙……"歌词一个字也未曾改动，一气呵成，《我和我的祖国》诞生了。

2019 年，以庆祝新中国成立 70 周年为契机，围绕爱国主义主题，市委宣传部、市委网信办策划推出"《我和我的祖国》歌词诞生地张家界"系列宣传活动。一经推出，便在全网迅速传播，张家界的关注度、热评度节节攀升，《人民日报》、新华社、人民网微信号分别发布《〈我和我的祖国〉手稿曝光，词作者灵感来自这！》消息，2 小时内，阅读量均超过 10 万 +。微博话题 # 我和我的祖国歌词灵感来源 # 登上微博热搜榜全国第 5，阅读量达到 1.6 亿。《我和我的祖国》歌词诞生地张家界迅速成为全国关注焦点。系列宣传受到广泛关注，中宣部阅评小组组长曹焕荣还给予了悉心指导。

本地媒体深度策划，《我和我的祖国》诞生地迅速传播

2019 年元宵节后，获知《我和我的祖国》诞生地在张家界后，系列宣传活动的论

大庸古城
（薛楠／摄影）

2019 年 9 月 18 日在北京采访张藜的夫人杨阜兰
女士 （胡卫衡 / 摄影）

证、策划等工作随即启动。市委宣传部安排张家界日报社组成采访组，于 8 月下旬至 9 月上旬赴北京采访张藜的夫人杨阜兰、歌曲首唱者湘籍著名歌唱艺术家李谷一，歌词创作亲历者及相关人物等。《〈我和我的祖国〉歌词诞生在张家界》等系列稿件，参与歌曲创作的亲历者们在歌词诞生地同唱《我和我的祖国》、李谷一清唱《我和我的祖国》等图片、视频以视频、海报、H5 等多种形式实现立体转播，一经推出，随即引爆全媒体。

张家界市广播电视台联合湖南卫视、湖南经视制作特别报道《〈明天更美好〉张家界：〈我和我的祖国〉作词灵感来源于张家界》，在湖南卫视新闻联播播出时长达 4 分 03 秒，网络播放量达到 1.5 亿次。《我和我的祖国第一个试唱者在歌词诞生地张家界再唱经典、感受磅礴力量》通过湖南电台全省新闻联播对外传播。配合湖南卫视、湖南经视精心制作的《时光的旋律：〈我和我的祖国〉》在国庆之后与大家见面，广受好评。

同时，系列稿件在"学习强国"全国平台及湖南平台推广，影响力不断扩大。

歌词具体诞生地张家界大庸古城景区组织歌曲创作亲历者同唱《我和我的祖国》，发布《我和我的祖国》MV（音乐短片），献礼新中国 70 华诞。

全媒体同向发力，《我和我的祖国》诞生地入耳入心

系列报道自 9 月 26 日正式推出后，得到了央媒、省媒、港澳台媒体以及知名微信公众号的广泛转发报道，传播"聚合效应"凸显。

《新华每日电讯》10 月 4 日 2 版头条推出《最美的景孕育最美的歌——亲历者讲述〈我和我的祖国〉歌词创作过程》一文，在新华社学习强国号、新华社 App 引发大量阅读、转载。新华社 App 单条浏览量实现 86.5 万次。《张家界触发填词灵感，〈我和我的祖国〉喷涌而出》单条阅读量达到 17.7 万次。《余音为何绕梁？〈我和我的祖国〉背后的故事》单条浏览量达到 86.4 万次。

与此同时，中新社、光明网、《中国旅游报》、凤凰网、新浪网、新湖南、红网等媒体均在第一时间进行原创采写，转载编发。

这里是湖南、国家大剧院杂志、世界华人周刊、博罗青年汇等微信公众号也分别从不同角度进行转载、传播。

《中国日报》推出英文版,向海外华人、华侨定向传播,《香港大公报》《香港商报》《香港经济导报》等及时向香港同胞传递张家界作为歌词诞生地的消息。台湾东森电视台借助《我和我的祖国》同名热播电影, 以及王菲演唱的同名歌曲传播热度, 以《王菲唱完登热搜〈我和我的祖国〉创作灵感来自张家界》为题, 在台湾地区广泛传播, 唤起台湾民众的爱国情怀。

效　果

网络传播引发热议,《我和我的祖国》诞生地成超级品牌

国庆假期期间, 新华社连续推出《最美的景孕育最美的歌——亲历者讲述〈我和我的祖国〉歌词创作过程》《余音为何绕梁?——〈我和我的祖国〉背后的故事》系列文章。新华视点微博号编发微博"《我和我的祖国》这首歌曲, 词作者灵感竟来自张家界美景"。

人民日报、人民网、新华社微信号发布《〈我和我的祖国〉手稿曝光, 词作者灵感来自这!》, 2 小时内, 阅读量均超过 10 万 +。

新京报微博号话题 # 我和我的祖国歌词灵感来源 #, 于话题设置当日登上微博热搜榜全国第5。阅读量达到 1.6 亿, 讨论超过 1.2 万条。微博单条阅读量达到 409 万, 点赞 4.4 万个。

人民日报微博号话题 # 来自张家界美景的灵感 #, 2 天内阅读量达到 1061.7 万, 微博单条阅读量达到 586 万, 点赞 8686 个。

《我和我的祖国》歌词原创地——大庸古城　(董兵/摄影)

主流媒体官微、官博报道后, 市委网信办积极与曾参与"我行我宿"网络名人探访张家界主题采风活动的网络名人巍岳钦禹、黄胜友、张家界事儿等联系, 邀请他们参与"《我和我的祖国》歌词诞生地张家界"宣传推广工作, 掀起了一波新的网友关注热潮。

(本文图片由张明涛提供)

《追爱》
追上了央视龙年春晚

魅力湘西演艺的诞生与发展

第一阶段（创业初期 2000—2003 年）：这个阶段主要是求生存、摸索方法阶段，本阶段从 2000 年开始租用一个只能容纳两三百人的酒店会议室进行演出，逐步走向专业的标准化演出。

第二阶段（快速发展期 2004—2009 年）：这个阶段顺应市场发展需求、适时地调整节目演出方式，有效地构建了营销网络渠道，实现了跨越式的发展。

2008 年 5 月，宋祖英演唱《张家界·魅力湘西》主题曲；2008 年 9 月，《张家界·魅力湘西》被原文化部评为"国家文化产业示范基地"。

第三阶段（整合扩张期 2010—2015 年）：这个阶段随着"国际文化广场"等项目的逐步推进，影响力日益提升，产业延伸已经具备了初步的条件。2010 年 4 月，张家界魅力湘西国际文化广场正式落成（座位数 2800 个），《张家界·魅力湘西》4.0 版正式登场；2010 年 7 月，《张家界·魅力湘西》赴上海世博会演出；2010 年 11 月，成为"国家文化旅游重点项目"；2012 年 1 月，《张家界·魅力湘西》原创民族节目《追爱》荣登龙年央视春晚；2012 年 5 月和 2013 年 5 月，连续两年代表湖南省参加深圳文博会；2014 年 1 月，应原文化部邀请，代表中国赴意大利和马耳他参加"欢乐春节"演出；2014 年 5 月，获得"中国文化品牌 30 强"称号，2015 年 1 月再次代表中国亮相捷克，惊艳保加利亚。

第四阶段（品牌提升期 2016 年至今）：2016 年，金东集团全资收购《张家界·魅力湘西》，并加大项目投资。2017 年《张家界·魅力湘西》全新提质升级，聘请了著名导演冯小刚担纲总导演，著名音乐人刘欢担纲音乐总监，著名音乐人捞仔担纲音乐监制，著名音乐家王原平担纲音乐制作，全新升级的《张家界·魅力湘西》从舞蹈编排、

千年神秘　一臺大戲

[中国首部·原生态民俗文化全景呈现]

CHINA'S FIRST: ORIGINAL FOLK CUSTOMS AND CULTURE OVERVIEW

魅力湘西

CHARM

XIANG XI

[张家界·魅力湘西国际文化广场]

追爱

央视龙年春晚《追爱》剧照

舞美呈现、服装道具、音响升级、微电影运用、魔术植入、威亚引进等方面进行了全方位的改版升级。2016 年、2017 年、2018 年连续受到原文化部邀请前往伊拉克、约旦、俄罗斯、乌克兰、尼泊尔等国家参加海外春节演出。2018 年、2019 年《张家界·魅力湘西》连续两年问鼎"中国旅游演出室内剧目票房冠军""中国旅游演出机构十强",2019 年被国家知识产权局商标局正式认定为"中国驰名商标"。演出至今,魅力湘西已累计接待海内外游客超过 1800 多万人。

过 程

2011 年 9 月,央视春晚导演组向社会广泛征集春晚节目,张家界魅力湘西团队经过谨慎思考和研究,决定郑重地向央视龙年春晚导演组自荐《爬楼》(即《追爱》原名),并寄去了第一版演出的 DVD。

2012 年是央视春晚 30 年,综艺节目制片人出身的哈文出任春晚总导演,她打破常规、不拘一格,以全新的理念办春晚,为形式活泼、以爱情为主题的湘西民族舞蹈节目《追爱》走上春晚舞台打开了一扇大门。

2008 年,张家界魅力湘西团队聘请了一大批地方少数民族文化研究专家与学者,其中以当时吉首大学党委副书记、《湘西文化大辞典》执行主编张建永教授为代表，通过深耕少数民族地区，走进偏远山寨采风，多次召开创作研讨会，呕心沥血数月，在保留大湘西民俗文化的基础上，最终打造出《爬楼》《火鼓》《千古边城》《英魂归故乡》等脍炙人口的文化演艺节目，《张家界·魅力湘西》也因此逐步成为来张家界旅游的游客必看的民俗演出，《爬楼》也作为王牌节目深受海内外游客的喜爱。

剧场演出和电视晚会演出表现形式有很大区别，看到 DVD 后，央视春晚导演组给出了意见，《爬楼》的舞蹈表现形式不适合电视画面点面结合的表现特点，春晚舞蹈总监沈晨更是一针见血地指出《爬楼》存在的问题，电视强调戏剧性，强调人物质感，除了考虑观众的观感之外，还要从电视角度考虑，因为电视是通过电视机的镜头给更多观众去欣赏的；因此，根据导演组意见，《爬楼》必须重新排练，采用更有难度的舞蹈动作，才有机会被选上。

于是，每晚演出 10 点结束，送别观众后，《张家界·魅力湘西》的演员们又开始了夜场魔鬼训练。

不久，春晚舞蹈总监沈晨来到张家界考察《爬楼》最新排练情况，对《爬楼》连续两次提出了增加难度动作的要求，并要求演员"死练！你们现在不会做没关系，但

张家界·魅力湘西剧场

就是绑上绷带也得练出来。"

经过前后三次改编，《爬楼》在节奏和层次上做了大规模变动，最终呈现在春晚舞台上时在 11 个细节上加大了难度，并增加了 10 多个全新的动作，比节目最初时增添了时尚与动感，传统元素和现代元素节目实现了完美的统一，《爬楼》也被赋予了一个浪漫的名字——《追爱》。

效 果

《追爱》表现的是湘西瑶族从母系氏族社会流传下来的恋爱、婚礼风俗——在月亮从东山升起的时候，瑶族小伙就会三五成群聚集在钟情的女孩楼下，弹起琴唱起歌，向心爱的姑娘表达爱意。姑娘要挑的意中人是勇敢、智慧、技艺超群的，于是看谁能不用楼梯爬上高高的木楼，获胜者方能赢得姑娘的芳心。他们爱得自由，爱得热烈，爱得疯狂。这种原生态的爱情，澄澈如泉，浓烈如酒，为久在凡尘里的世人提供了一份纯真的情感盛宴。

《追爱》的独特魅力在于它的歌、它的舞、它的情。要展示湘西的少数民族，就要展示其独特性，《追爱》给我们呈现了一种最原生态的爱情。瑶族这个少数民族的爱情呈现方式很独特，再加上瑶族音乐旋律很美、很抒情，融入了瑶族长鼓舞的元素，整个舞蹈让人沉陷在一场纯美的情爱盛宴中。

《追爱》的民族特色明显。它呈现少数民族文化的方式就是其民族特色。音乐、舞蹈和杂技高度有机结合，极其准确

演出座无虚席

《追爱》呈现了一种最原生态的爱情

地彰显了少数民族文化的要素。而《追爱》里展现的爱情就是它所要凸显的人文情怀，歌颂少数民族这种大胆的、纯洁的、火辣辣的爱情。

《追爱》不仅是张家界元素首次走进央视春晚，也是湖南本土民族类的原生态节目第一次登上央视春晚，因此顺利被评为2012年度"湖南十大文化事件"。

自《追爱》节目亮相央视春晚后，慕名前往张家界观看的游客很多，每晚都有数千观众赏《追爱》。同时，张家界各景区、旅行社、演艺场所也抓住机遇，将山水健康欢乐游与实地欣赏民族节目《追爱》巧妙结合起来，推出"健康张家界、快乐赏《追爱》"等特色旅游线路。张家界市政府更为敏捷地将"追爱"提升到整个张家界旅游理念层次上，提出张家界的旅游口号就是"追爱张家界"。《追爱》线上线下的影响力，使当年剧场观众上座率上涨35%；当年全市旅游接待游客量同比上涨17%。

（本文图片由张家界魅力湘西旅游演艺公司提供）

"张家界印象"旅游营销非遗轻骑队走进湖南省旅游博览会

"张家界印象"
旅游非遗轻骑队闪亮京城

背　景

2019 年 1 月 25 日，张家界市文化旅游广电体育局正式挂牌成立，其前身为张家界市旅游外事侨务委员会。

2020 年 4 月 23 日，"张家界印象"旅游营销非遗轻骑队（以下简称轻骑队）正式成立。时任张家界市人民政府副市长欧阳斌授队旗，邓剑、李慈忠、朱芳等相关领导出席授旗仪式，主要策划与组织者刘云、覃大钧、欧辉平、李霞、欧阳明慧等承担了队员选拔、节目编排、培训等具体工作。而作为倡导者刘云认为，体制改革促进了文化与旅游的融合发展，而仅仅停留在概念上认同是不够的；必须有一定的形式体现。于是，源于对民间艺术的了解与热爱，特别是对国家级非物质文化遗产桑植民歌、白族仗鼓舞、张家界阳戏等地域文化的渗透，结合旅游市场营销与推广工作，张家界市文化旅游广电体育局原党工委委员、副局长曾韦栋与市场科科长田金松充分认同，将轻骑队纳入旅游市场宣传推广活动中，制定了工作机制、人力资源保障以及支持。

据有关资料显示：张家界市共有非物质文化遗产 10 大类 818 项，已有桑植民歌、桑植仗鼓舞、张家界阳戏、土家族撒叶儿嗬、慈利板板龙灯等国家级项目 5 项，大庸武术、土家族打溜子、桑植白族游神等省级项目 16 项，张家界花灯、土家哭嫁、桑植目连戏等市级项目 85 项。

2020 年，时任张家界市人民政府副市长欧阳斌为"张家界印象"旅游营销非遗轻骑队授队旗

177

过　程

　　随着机构改革，文化与旅游融合发展的时代也到来了！由张家界市文化旅游智库研究院倡导，并由张家界市文化馆牵头组织，永定区阳戏传习所，阳光、红舞鞋等民间艺术机构积极参与支持的"张家界印象"旅游营销轻骑队首批队员14人经过了为期15天的非物质文化遗产知识学习与阳戏、桑植民歌、白族仗鼓舞等节目的排练，张家界市文化旅游广电体育局原党工委委员、副局长李慈忠出席培训班开班仪式并讲话，他对轻骑队创建给予了大力支持与具体指导。没有固定的编制、资金、场地与人员，而相关单位克服许多困难，将轻骑队筹建纳入重要工作并推进。

"张家界印象"非遗与旅游推广轻骑队培训班

　　2020年，由于武汉疫情的蔓延而导致旅游业处于艰难的状态下，永定区阳戏传习所所长欧辉平认为将国家级非物质文化遗产——张家界阳戏艺术通过轻骑队表演，既能促进传承与传播，又能为旅游业发展注入新的内涵，是应该给予支持的。他从阳戏传习所挑选出8位优秀青年演员参加轻骑队，并组织力量编写阳戏唱词、音乐伴奏、节目编排，将阳戏中的"金线吊葫芦""金钱调""蛤蟆调""三花调"等招牌性曲牌都用上了。而唱词则以宣传张家界旅游为主题，演员阵容中既有石雪芳等当家名角儿，也有"00后"的叶子轩、李旺、龚和伟等阳戏新秀；此外，在服饰、道具、舞美等设计上具有新颖、大方、时尚与民族风相结合的特点。经过大家共同努力。一个具有独特艺术魅力的阳戏《大美张家界》呼之欲出。在策划、设计、编排节目的过程中，永定阳戏传习所合理分配正常演出与轻骑队排练中的时间安排，从人力、物力上予以支持。与永定区阳戏传习所一样，阳光与红舞鞋两个艺术培训机构，选派了具有一定表演功底的舞蹈教师进入轻骑队，阳光艺术学校在因为疫情停业没有营业收入却还要承担房租的前提下，为轻骑队免费提供排练教室，并为队员们提供工作餐。红舞鞋艺术学校与一家营业性演艺企业有演出合作，而对于抽调骨干演员，不仅要发工资、交通、补贴等，还尽可能挤出时间保障轻骑队的排练与演出。

市文化馆馆长覃大钧不仅安排袁利具体负责轻骑队节目排练，他还对人员组织和节目表演形式、内容以及服饰作了精心谋划。此外，张家界市文化旅游广电体育局与市财政局共同努力，对于"张家界印象"旅游营销非遗轻骑队开展活动经费给予必要的支持。

2020 年 6 月 20 日，"张家界印象"旅游营销非遗轻骑队亮相湖南省旅游博览会，受到人们的热捧

　　鲜活、亮丽、优雅、欢快的白族仗鼓舞与土家族摆手舞，粗犷、豪放、原始的茅古斯舞；清脆、甜美的桑植民歌《马桑树儿搭灯台》，还有声情并茂、诙谐与婉转的阳戏等构成了一道道绚丽多彩的人文风景。为了促进旅游市场复苏，根据有关单位安排，"张家界印象"旅游营销非遗轻骑队终于迎来了第一场"实战"，2020 年 6 月 20 日，在湖南（国际）文化旅游产业博览会上惊艳亮相。轻骑队队员身着民族盛装，载歌载舞，很快赢得了人们的热切关注与追捧，有成千上万的观众与轻骑队成员互动并拍照留念与短视频播放，从而形成了"张家界"热现象。湖南省委宣传部副部长、省文明办主任肖凌之和省文化旅游厅有关领导在张家界市人民政府原副市长欧阳斌陪同下到现场观摩后对"张家界印象"旅游营销非遗轻队从表演形式到内容均表示充分肯定。继而，"张家界印象"旅游营销非遗轻骑队受邀参加湖南省红色旅游博览会、"张吉怀"旅游联合推广活动，《湖南日报》、湖南卫视、红网等媒体作了突出报道。

　　2021 年 7 月 8 日，"张家界印象"旅游印象非遗轻骑队根据张家界市文化旅游广电体育局安排参与中央广播电视总台综艺频道《艺览天下》"了不起的地方"张家界、武陵源两场节目录制。在北京星光影视园录制现场，一边是张家界绝美的自然风景，

参与中央广播电视总台综艺频道《艺览天下》"了不起的地方"张家界、武陵源节目录制

2021 年 10 月 10 日，"张家界印象"旅游营销非遗轻骑队参加北京国际音乐节"非乐时光·遗运国潮——张家界市原生态音乐展演"活动

一边是多姿多彩的土家族、白族、苗族风情呈现；轻骑队以热烈欢快的民族舞蹈开场，再以《带着幸福来见你》大摆手舞圆满收场。其间还穿播了土家刺绣、砂石画、气功与土家美食等民间艺术表演。央视节目编导对"张家界印象"给予了充分肯定。后来，"了不起的地方"张家界、武陵源两期节目播出后，对于推动张家界旅游市场复苏发挥了重要作用。

2021 年 10 月 10 日，在北京颐堤港购物中心，"张家界印象"旅游营销非遗轻骑队以超强的阵容，将武术、民间音乐、打溜子、阳戏《桃花装疯》、摆手大联欢《带着幸福来见你》等出现在第 24 届北京国际音乐节"非乐时光·遗运国潮——张家界市原生态音乐展演"，受到北京市广大市民的热烈欢迎。北京音乐广播主持人谷悦认为："回到城市里的水泥森林中，而倾听来自大山深处原生态的音乐就是一种最美的精神享受。"

效　果

　　"一花引来百花开。"张家界市文化馆继"张家界印象"旅游营销非遗轻骑队取得成功后，又不断将成功经验运用到群众文化中去。如参与第九届全国文化馆"地市级百馆联动"文旅嘉年华暨长三角和部分地级市文化和旅游公共服务产品采购大会等活动。为了壮大旅游营销非遗轻骑队，发挥旅游宣传与文化传播作用；又相继组织成立了武术、音乐、非遗、戏曲、舞蹈五个志愿服务分队。每个分队成员不低于 40 人，深入乡村、学校、敬老院进行"文化惠民　送戏下乡"、为建档立卡户书写春联及拍全家福、"到群众最需要的地方去"文旅志愿服务"六进"活动月、"非遗进军营　元宵颂党恩"慰问等活动达 100 余场次。

　　讲好张家界的故事，传递张家界最美的声音。两年多时间以来，"张家界印象"旅游营销非遗轻骑队参与各类大型旅游推介活动二十余场次，其线上线下观众达一亿人次。仅北京音乐节"张家界专场"直播关注量为：央视频 22300 人次；《人民日报》687000 人次；北京音乐广播 51356 人次；《北京日报》396000 人次；《北京青年报》256000 人次，总计 1412256 人次；此外北青专题节目《聆听"张家界之声"与"传承人的心声"》观看量 32.4 万人次，总浏览量达到 160 万人次。

　　"作为国际大都市的北京，人们对于艺术追求是多元化的，不仅会关注代表世界顶尖级的文化艺术，比如北京国际音乐节带来的音乐会演出，也会关注张家界源于自然、表现自然的原生态民间艺术。"中艺艺术基金会王建先生如此说。对于推动民间艺术更好发展，张家界市文化旅游广电体育局原党工委书记、局长邓剑认为："通过对原生态文化艺术的展示，一是体现了对民族文化及其品格的认同与自信；二是彰显了文化与旅游融合发展的魅力；三是拉近了张家界逐步走上国际化的进程。"

"张家界印象"旅游营销非遗轻骑队节目表演现场

吴冠中铜像
张家界"第三千零二峰"

吴冠中（1919—2010年）江苏宜兴人。1942年毕业于国立艺术专科学校，1947年留学法国，入巴黎高等美术学院学习油画。1950年回国，先后任教于中央美术学院、清华大学、北京艺术学院、中央工艺美术学院，为中央工艺美术学院教授、中国美术学院客座教授、中国美术家协会常务理事。吴冠中兼取中西绘画，长期从事油画民族化实践，其油画清新、明快，富于民族特色和抒情意味。后又从事水墨画创新，其画介于具象与抽象之间，注重点、线与墨块交融的韵律感，具有强烈的艺术个性和现代气息。吴冠中也从事艺术批评活动，出版有《绘画的形式美》《风筝不断线》等文集，另有画集多种行世。1991年，获法国文化部授予的文学艺术最高勋章。

"江山亦要文人捧"。早在1979年秋，著名画家吴冠中，在湖南画家邓平祥等人

张家界马鬃岭　1979年作（1980年钤印）　水墨设色 - 宣纸　104x202cm　吴冠中 / 作

吴冠中

1919—2010

张家界"第三千零二峰"

自家斧劈——张家界（1992 年作 水墨设色·宣纸 69x139cm 吴冠中／作）

的陪同下到张家界采风。学贯中西、见多识广的吴冠中先生一下子被张家界绝美的风景深深地吸引住了。于是，吴冠中先生与原张家界林场工人们共吃同住，并在大山深处泼墨写生并创作了《自家斧劈张家界》《青岩山》等作品。此外，从美学的角度与运用文学的表现手法，吴冠中先生将自己初访张家界的真实感受写下来，且发表在 1980 年 1 月 1 日《湖南日报》副刊上的美文《养在深闺人未识》。

过 程

一个人与风景相遇是一种缘。而画家吴冠中与张家界山水永远连在一起，他的精神魅力深深地感动着中外游人，也是一道人文"风景"。

2012 年 9 月 19 日，吴冠中纪念铜像在张家界森林公园落成。清华大学副校长谢维和、湖南省人民政府副省长徐明华与吴冠中长子吴可雨等领导和嘉宾出席揭幕仪式。于是，有人称吴冠中铜像立于山水，塑于心间，是张家界第三千零二峰。

关于吴冠中铜像建造过程，作为策划与

吴冠中长子吴可雨先生（左）与策划者刘云在吴冠中铜像前合影留念

推动者的刘云曾有多篇文章予以记载，并收入了纪念文集《邂逅张家界》。相关资料称：在 2010 年 7 月 7 日下午，张家界国家森林公园管理处召开处长常务会议。关于建造吴冠中铜像的构想由刘云向张家界国家森林公园管理处领导班子提出建议。很快，经过会议讨论后达成共识认为："张家界国家森林公园从一个名不见经传的国有林场成为中国第一个国家森林公园，吴冠中先生作出了特殊贡献。在公园建造一座高标准的吴冠中纪念铜像，对于缅怀吴冠中先生，提升公园品牌形象，都具有重要的意义。"会议还作出决定成立筹建工作小组，并安排了工作经费。张家界国家森林公园管理处于 2010 年 8 月 8 日印发了《处长常务会议纪要》〔2010〕5 号，且将"筹建吴冠中纪念铜像"作为处长常务会议第十五项单列以示重视。

感恩是前提，而扩大名人效应、建造吴冠中铜像对于促进张家界旅游经济发展更是主题，张家界国家森林公园管理处将吴冠中铜像建造工程作为一项重点工程来抓。筹建工作小组三上北京，先是与吴冠中亲属代表洽谈，征得家属同意后建造吴冠中铜像，并确定雕塑家李象群为铜像设计师；当铜像设计稿出来后，由于选址问题久决不下，按有关法定程序必须由市人大通过选址方案后方可建造。于是，考察、论证、研究；再考察、论证与研究；直到 2012 年 6 月 27 日，张家界市人大终于作出决定，同意在张家界国家森林公园建造吴冠中纪念铜像。6 月 28 日，筹建工作小组到清华大学美术学院再次与卢新华、吴可雨、李象群等就铜像的建造时间与场地和铜像揭幕仪式等一一达成共识与谅解。双方决定于 2012 年 9 月 15 日将铜像建造竣工，并在 9 月 20 日正式揭幕供中外游人瞻仰。至此，吴冠中纪念铜像建造工作取得了实质性进展，而在 6 月 30 日举行的《吴冠中追思文集》首发仪式上，清华大学美术学院鲁晓波院长也正式向公众发布消息，吴冠中铜像将落户张家界国家森林公园。

一代艺术大师与名山张家界的结合，雕塑艺术家李象群是一个关键人物。他于 1961 年出生于黑龙江，曾毕业于鲁迅美术学院雕塑系，其作品《接力者》被国际奥委会博物馆收藏，《巴金》被中国现代文学馆收藏。他的作品还获日本、英国等国际艺术大奖。对于创作吴冠中先生铜像作品又怎样构思呢？一代艺术大师的形象如何表现，又如何达到让世人认同，这绝非是一般意义上的事情。从接受吴冠中塑像的设计任务开始，这位中外闻名的雕塑艺术家怀着对吴老无比崇敬的心情，他潜心研究吴冠中的艺术探索与人生轨迹。

李象群先生全面收集了吴冠中少年时期、国立艺专时期、法国留学时期、归国任教时期及晚年时期的照片，经过认真梳理，李象群发现"写生""采风"贯穿了吴冠

2012 年，清华大学举行吴冠中铜像设计模型揭幕仪式

中先生的整个艺术生活。从中国到法国，又从法国回到中国，学贯中西的吴冠中经过了"文革"的断桥，再续与艺术的前缘；每一个阶段，他都背着画夹流连于自然山水之间，吴冠中就是在不间断的写生过程中确立了自己的艺术价值。于是，李象群决定采用写生途中的吴冠中作为创作的主题。而选择老年阶段的吴冠中是因为此时的他特点更加鲜明，对艺术的执着和认真在他的面部能精神凸显。身着夹衣，手拿风衣更是他老年时期日常出现的装束。创作泥稿时，对人物的身体、衣服的处理方法十分概括，只突出了他消瘦的肩膀和向前迈步的动态。这位身材瘦弱的南方老人朴实而高尚，他力行自己所推崇的鲁迅精神，承担着对艺术、对社会的一份责任。他面部突出的颧骨和紧锁的眉头是画家在艺术道路上所体验的痛苦，如吴冠中自己所言："苦，永远缠绕着我，渗入心田。"此外，李象群还体会到吴冠中对艺术创作的过程就是"不断寻觅表达内心情感的最佳手段"。对于此，作为同为艺术家的李象群创作吴冠中像也是表达自己的心意，也是自我的一种载体展示；而表现的技法在此成为奴隶！通过对吴冠中像的塑造，也体现了艺术家们在大自然及生活中寻找自我价值的状态以及艺术家们对美的追求。

基于写实而改造写实，运用具象而超越具象，所有雕塑语言都服务于个体主体性的有机营造，着力表现吴冠中具有性格特质的瞬间。感性、理性和灵性被有机地融入这件具象，表现在雕塑中。李象群先生对于创作吴冠中像有许多感慨，他用极为精辟的话向有关人员传达了他的创作思想。当一个人的肉体生命消失以后，又以一种灵魂的生命托体而出。李象群先生作为雕塑家是孕育另一种生命的母体啊！

对于建立吴冠中铜像，欧阳斌先生曾在《中国旅游报》发表的文章中阐述了理由是：2008年，吴冠中曾荣获"张家界发展特别贡献奖"，被张家界人称为"功臣"，受得起这个礼遇；吴冠中深爱张家界，而张家界市人民也深爱着吴冠中，雕像，对双方

清华大学原副校长谢维和向张家界市人民政府原市长赵小明颁发"清华大学美院写生基地"证书

都是抚慰；张家界是大美之山水，吴冠中是大爱之文人，为吴冠中先生塑像是山水与人文的整合，可以为张家界增添文化的元素，提升文化的含量；一座城市为自己所爱的人塑像，是古今中外许多城市的惯常做法，如美国华盛顿市的华盛顿像，中国中山市的孙中山像等。吴冠中生前思路开阔，不拘小节，提倡中西交融，反对故步自封，这与张家界打造国际化旅游城市的观念一致；为吴冠中塑像，既体现了张家界市对功臣的尊重，同时，也可以借吴冠中在国际上的知名度，进一步提升张家界在国际上的知名度，促进张家界的旅游发展。

效　果

一个铜像就是一座精神丰碑。

张家界从"养在深闺人未识"到一举成名天下知。每当人们来到吴冠中铜像前瞻仰、拍照，并听导游讲解吴冠中与张家界的故事时，就是一种感恩、一种美的熏陶、一种人文精神的传播。而对于吴冠中铜像的建造是名山张家界、名人吴冠中、名校清华大学结合在一起的成功典范。

神奇的大自然与丰富的人文内涵相融合，其本身就是最具有品牌价值与传播意义的。无论是媒体、书籍以及数以千万计的中外游客与广大导游对吴冠中与张家界的故事代代相传，更是"名人效应"运用的成果。

养在深闺人未识

◇吴冠中

张家界位于湖南省大庸县的北部，貌不惊人名不扬，画家们很少知道她。我到湘西写生，人们给我介绍国营张家界林场。我先是姑妄听之，后来听到不少当地同道的反复推荐，才决心前去看看。

从大庸县出发，路经沙堤公社。冬天，一路上黄土衰草，只有黑、白的羊群是最醒目的色调了。开始山也不高，无非是一般丘陵地貌，车行一个小时都这般光景，我心里有点儿凉了。但是既来之则安之，还是要前去看看，宁可吃点冤枉苦。不料，张家界林场却意外地使我兴奋，如获失落在深山的明珠。

不让桂林　媲美黄山

随林场公路登山，数十个拐弯，地貌突然大变，峰峦陡起，绿树叠翠，疑是到了桃花源洞口。这里是湖南真正的桃花源，我被引进了奇异幽深的世界。第一个反应是联想到桂林与黄山。这里的秀色不让桂林，但峰峦比桂林更神秘、更集中、更挺拔，更野！桂林凭其漓江倒影、青罗带增添了闺中娟秀。张家界山谷间穿行着一条曲曲弯弯的溪流，乱石坎坷，独具赤脚山村姑娘的健壮美；山中多雨意，雾抹青山，层次重重，这倒颇有黄山风貌。但当看到猴子爬在树顶向我们摇晃时，就完全不同于黄山的情调了。我只见到三只猴子，据说林场的同志们却经常能遇上数以百计的猴群。岂止猴子，这里有的是珍禽异兽。有一种背水鸡，更是前所未闻，山鸡胸前长个口袋，下

张家界马鬃岭　（1997年作　水墨设色·宣纸　145x368cm　吴冠中／作）

山盛水背上山去。生物学家早晚会开采这个新天地吧！我一进山就急匆匆往石林和树木深处钻，景色把我迷住了。及听说有虎、豹、野猪、毒蛇……才感到有点儿害怕。

形式结构美的"画章"

张家界林场位于澧水上游，方圆数十里。我不了解连绵不断如此密集的石峰的地质价值，但看那陡壁直戳云霄，石峰石壁直线林立，横断线曲折有致，相互交错成文章。不，不是

张家界写生 （1979年作　水墨设色 - 高丽纸　103x103cm）

文章，是形式结构之美，可说是"画章"吧。更往高处遥望，其上有数十亩数十亩的原始森林，我们只好听老乡们讲述曾经攀登上去的故事而望林兴叹！柳宗元、徐霞客和刘鹗等都写下了美丽的游记但他们表达的多半是文学意境之美，至于形式之美，似乎难以文字来抒写。人们习惯于以"猴子望太平""童子拜观音"等形象的联想来歌颂自然形式之美，还往往喜用"栩栩如生"作为酷似真实的至高评价。其实应该肯定对抽象美的欣赏，许多石头本身就很美，美就美在似与不似之间，而且宇宙存在着大量形式美，她们并不依赖于像个什么名堂，张家界的石峰名堂可多了，什么秦始皇的金鞭，什么三姊妹……美丽的故事由人们去自由创造吧！

让新桃花源传世

不是为了遣兴而游山玩水，为了探求绘画之美，我辛辛苦苦踏过不少名山。觉得雁荡、武夷、青城、石林……都比不上这无名的张家界美。就以峨眉来较量，峨眉位高势大，仗势欺人，其实没有太多特色，不如张家界美，谅有不少美术工作者将会同意我的看法的。湖南电影工作者已经写出了张家界的拍摄稿本，不知拍摄进度如何？在闹市里工作久了的人们，能找到个修养耳目的世外桃源，将误认为我是新桃花源的作者吧。

据说由于这数十里的山势像一匹奔腾的烈马，故名马鬃岭。马鬃岭也好，张家界也好，都尚未闻名，等待智慧的游人们为这绝代佳丽起一个更贴切的芳名传世。

"歌飞宝峰湖"
是一种品牌

　　桑植民歌是张家界市桑植域内各族人民在长期的生产实践中表达喜怒哀乐、爱恨情仇的艺术结晶，它从不同的侧面和角度，以其特殊的润腔方法和气声演唱技巧，展示桑植各族人民的智慧和力量；具有很高的艺术价值和历史研究价值。目前，已统计在册的万余首桑植民歌，于 2006 年 5 月被国务院确定为第一批国家级非物质文化遗产。

　　宝峰湖景区作为武陵源世界自然遗产的有机组成部分，被称为"水上张家界"。自 1984 年以来，宝峰湖景区积极探索并对桑植民歌进行了有效传承和创新，结合景区的旅游线路，将桑植民歌直接融入景区，从而成为独具特色的自然与人文相结合的风景区，受到广大游客的欢迎。

过　程

　　2008 年，以"天高尘世远，歌飞宝峰湖"为主题的"张家界首届中国山歌节"在宝峰湖景区隆重举行。大力弘扬和挖掘张家界的民族文化，切实保护好国家级非物质文化遗产，打造张家界文化旅游品牌。活动现场，土家族、苗族、侗族、朝鲜族、藏族等中国各民族歌手齐聚，通过最原始、最质朴的方式展现魅力无穷的山歌文化。本次山歌节由张国华先生策划及具体组织实施，其涉及面宽、影响力大、意义深远；把非物质文化与世界自然遗产做到完美结合，向世人展

"水上张家界"——宝峰湖

2008年，"张家界首届中国山歌节"在宝峰湖景区举行

示张家界不仅是美丽的"旅游胜地"，更是神奇的"民俗文化胜地"。此外，宝峰湖曾被文化部认定为"中国山歌节永久举办地"。

2020年3月，张家界宝峰湖景区阳光明媚、水光潋滟。在湖光山色之间，张家界（国际）旅游营销智库秘书长刘云与湖南省政协委员、桑植民歌传承人、张旅集团常务副总裁兼董秘金鑫围绕"桑植民歌"与张家界旅游展开了一场精彩的对话。当天的对话以"水上张家界，歌飞宝峰湖"为主题，对话场地选在湖中心的平台上，以宝峰湖最具辨识度的湖光山色为背景。对话以说、唱为主要表现形式，金鑫与唐桂珍的即兴演唱曲目《马桑树儿搭灯台》《青青马桑树》，让人大饱耳福。主持人刘云与金鑫围绕"宝峰湖景区风景特色与桑植民歌的融合""桑植民歌的精神实质与演唱技巧""桑植民歌对景区营销的作用及运用""宝峰湖如何将民歌文化融合在景区品牌的打造中"等话题，展

2020年3月，张旅集团常务副总裁兼董秘金鑫与刘云对话"桑植民歌"

开了一个多小时的对话，全程运用抖音视频直播，吸引了6万多网友在线的观看与互动。

2020年7月，受新冠肺炎疫情影响，央视综艺节目《星光大道》首次采用"云平台"的录制方式，选取各地分会场与主会场中央电

2020年7月，央视综艺节目《星光大道》在宝峰湖录制

视台一号演播大厅进行连线，既能进行有效互动，又能做好疫情防控。宝峰湖作为此次云录制湖南地区唯一入选景区，当天以湖面浮台为舞台，以苍翠峰山、缥缈薄雾和朦胧夏雨为背景，由金鑫带领张家界旅游集团股份有限公司30名热情洋溢的"星粉"组成的评委观演团联合参赛选手，精彩吆喝绝美张家界。虽然当天雨打湖面溅起层层白雾，但丝毫不影响评委观演团的积极性。"叫我唱歌就唱歌，叫我撑船就下河，唱歌不怕歌师傅，撑船不怕乱岩壳……"在互动环节里，作为分会场领队的金鑫用一首地道的桑植民歌《叫我唱歌就唱歌》展示了张家界人的热情和多才多艺，更是将"歌飞宝峰湖"向全国观众进行了精彩呈现。

多年来，宝峰湖景区始终坚持以活动带动景区营销工作，曾先后举办了"张家界首届旅游春晚""张家界公开水域冬泳赛事""张家界首次非遗文化进景区"等重大活动，并邀请嘉宾到现场进行山歌演唱。为促进疫情后旅游复苏，在"行走张家界文旅复苏公益行"活动中邀请省、市、县三级桑植民歌非遗传承人在宝峰湖进行"喊山"活动，受到了广大游客的热捧。

回顾宝峰湖"歌文化"的历史，几乎贯穿了景区的整个发展历程。宝峰湖是"张家界国际乡村音乐节"的巡演景区之一，曾经还成立了梯玛神歌文化传播有限公司，将被列

宝峰湖民歌演绎

入《非物质文化遗产保护名录》的《梯玛神歌》作为这台歌舞节目的创作题材，专门请来著名华人音乐家侯德健、著名作家余华等"海峡两岸"的专家参与创作，综合了音乐、舞蹈、文学等艺术形式，打造出一台讲述土家起源、演变、战争、生产生活等内容的大型山水原生态歌舞史诗实景演出，成为张家界文化与旅游融合历史中不可磨灭的印象。多年来，从宝峰湖走出了许多知名的民歌手，如今已成为传唱桑植民歌的重要力量，为推广和保护桑植民歌等非物质文化遗产发挥了重要作用。

效　果

"歌是情怀，歌是品牌。以歌为媒，将广大游客与张家界山水紧密地缠绕在一起。"刘云曾对金鑫如此说。宝峰湖风景区因"歌清舞美"和美丽的湖光山色而吸引广大游客游览，仅在 2015 年旅游接待量突破 100 万人次，并获得"中国 10 大魅力旅游休闲湖泊"与"中国驰名商标"等荣誉称号。

一方面抓疫情防控，另一方面抓旅游营销。经过多方努力，宝峰湖景区与央视于

歌飞宝峰湖

2020 年 7 月合作录制"星光大道"节目，并将桑植民歌搬上了"云平台"。央视节目主持人朱迅、尼格买提作为"星光大道"主持人对张家界的风景与优美的桑植民歌赞不绝口。该节目于 2020 年 8 月 28 日在央视一套播出后受到广大观众热捧。据鹰眼榜数据显示，节目播放当天获得了 0.32% 的收视率，排名全国剧目收视第二，全网播放量（央视客户端、西瓜视频）更是达到了 600 多万。"湖光山色融一体，山水人文相辉映。"湖南省委宣传部副部长、省精神文明建设指导委员会办公室主任肖凌之在《张家界的水》一文中写道。高峡平湖与桑植民歌的独特魅力还吸引了不少外国游客的向往，在 2019 年前，韩国国民视中国张家界宝峰湖为心中的"圣湖"，不少韩国年轻人将安排父母到张家界宝峰湖旅游视为"孝心之旅"。印尼前总统梅加瓦蒂到张家界宝峰湖游览后称："不仅山水美，而且山歌也好听！"

"歌飞宝峰湖"，是将非物质文化遗产桑植民歌与山水审美融合的经典版本，也是一种细雨渗透式的旅游营销模式。

（本文图片由张家界旅游集团股份有限公司提供）

后 记

创新就是打破已有的条条框框，甚至是无中生有。张家界旅游营销与张家界绝版山水一样具有独创性。近日，著名旅游专家魏小安先生、张家界市政协主席欧阳斌先生与我一起讨论并确定了《中国旅游营销张家界范本》的书名。

"盛世修典"。总结与提升旅游营销价值，全面展示自建市以来张家界旅游营销经典案例，不仅仅对于张家界，对于中国旅游营销史也不失为一种范本。两年来，张家界市文化旅游广电体育局多次召开党工委会议，将编辑《中国旅游营销张家界范本》纳入议题研究，并明确由我担任主编且负责具体编写与出版工作。在策划、研讨、制定编写提纲、收集与整理资料、归纳编写，以及与作者和出版社编辑、设计师沟通交流，修改、审稿与付印等过程中，有作为主编的倾情倾力付出，尤其不能忘记的是欧阳斌、邓剑、汪涛、郑昭峰、欧兵波、曾韦栋、唐炯、李洲池、汪涌、杨家进、毛新宇、田洪曼、何婕、田尧、田金松、丁凤英等领导的关心与支持；同时，还得到了市文联、市林业局、张家界日报社、市档案馆、武陵源区文化旅游广电局、天门山旅游股份有限公司、大峡谷旅游公司、魅力湘西演艺公司、茅岩河旅游公司、张家界旅游集团公司、黄龙洞旅游公司等单位及个人的支持；中国旅游出版社副社长胥波、行业编辑室主任王丛及有关编辑、设计师易鹏翔和参与编写工作的邓道理、田金松、张明涛、曾甲长、丁云娟、潘鑫、雷宛琴、邹鹏、杨晨等付出了不少辛劳；在此，一并表示感谢！

"天时人时日相摧"。在迎接党的二十大胜利召开之际，在首届湖南旅游发展大会在张家界即将举办之时，《中国旅游营销张家界范本》出版发行具有重要意义。愿中国旅游业发展生机勃勃，让广大人民享受旅游带来的幸福感！世界因为旅游而更加美好！

刘　云

2022 年 7 月 10 日

特别说明

　　本书由张家界市文化旅游广电体育局组织编写，张家界市文化旅游智库研究院具体实施。书中相关篇章参与编写者如下：

萧征龙：《大庸市更名为张家界市的前前后后》

邓道理：《'99飞机"穿越天门"》

　　　　《黄龙洞"定海神针"投保1亿元》

　　　　《张家界国际乡村音乐周与"卡通市长"》

　　　　《张家界与〈阿凡达〉》

曾甲长：《大峡谷旅游创新产品就是最好的营销》

丁云娟：《张家界天门山"翼装飞行世锦赛"》

潘　鑫：《"心"湖发现及"玩水张家界"热现象》

张明涛：《张家界：〈我和我的祖国〉歌词诞生地》

田金松、雷宛琴：《"网游张家界"及〈你莫走〉现象》

　　此外，相关单位及赵杰、罗晓晴、单新秀等人为本书提供了摄影图片、文字资料支持，特此说明并感谢！若有作品编著不明之处，请联系本书主编，将在修订再版时予以纠正。读者、作者信息反馈邮箱：540422155@qq.com。

张家界鸽子花

策划统筹： 胥　波
责任编辑： 张　旭
责任印制： 冯冬青
装帧设计： 易鹏翔

图书在版编目（CIP）数据

中国旅游营销张家界范本 / 刘云主编 . -- 北京：
中国旅游出版社，2022.8
　ISBN 978-7-5032-7006-2

　Ⅰ．①中… Ⅱ．①刘… Ⅲ．①旅游市场－市场营销－
案例－张家界 Ⅳ．① F592.68

　中国版本图书馆 CIP 数据核字 (2022) 第 141370 号

书　　名： 中国旅游营销张家界范本

作　　者： 刘云　主编
出版发行： 中国旅游出版社
　　　　　（北京静安东里 6 号　邮编：100028）
　　　　　http://www.cttp.net.cn　E-mail:cttp@mct.gov.cn
　　　　　营销中心电话：010-57377108，010-57377109
　　　　　读者服务部电话：010-57377151
排　　版： 张家界龙头旅游文化产业发展有限公司
经　　销： 全国各地新华书店
印　　刷： 湖南印美彩印有限公司
版　　次： 2022 年 8 月第 1 版　　2022 年 8 月第 1 次印刷
开　　本： 710 毫米 ×1000 毫米　　1/16
印　　张： 12.5
字　　数： 240 千
定　　价： 68.00 元
ＩＳＢＮ　978-7-5032-7006-2